HAS NACIDO PARA ESTO

HAS NACIDO PARA ESTO

Astrología para la autoaceptación radical

CHANI NICHOLAS

HarperCollins *Español*

Los libros de HarperCollins Español pueden ser adquiridos para propósitos educativos, empresariales o promocionales. Para más información, envíe un correo electrónico a SPsales@harpercollins.com.

Título original: *You Were Born for This*
Publicado en inglés por HarperOne 2020

Copyright de la traducción © 2021 de HarperCollins Publishers

PRIMERA EDICIÓN

Traducción: Eric Levit Mora

Diseño adaptado de la edición en inglés de Michelle Crowe

Ilustraciones de Karen McClellan

Este libro ha sido debidamente catalogado en la Biblioteca del Congreso de los Estados Unidos.

ISBN 978-0-06-304794-5

21 22 23 24 25 LSC 10 9 8 7 6 5 4 3 2 1

Este libro, esta vida, este trabajo no existirían sin mi amor, mi mejor amiga, mi compañera en todo, mi esposa.

Sonya Priyam Passi.

Me recoges a diario. Me cautivas sin cesar. Me inspiras a descubrir todo cuanto es posible y más. Eres la persona más valiente y compasiva que he conocido nunca. Eres mi Fortuna, mi mayor bendición y mi cometido. Les doy las gracias por ti a los cielos cada momento de cada día.

Tu amor es la fuerza más poderosa que he conocido nunca. Ha transformado cada una de mis heridas en una lección, cada desencanto en un momento que ya no me domina, cada obstáculo en una oportunidad. Es una fuerza indómita que me rodea, protege y sostiene. Ser tu compañera es mi mayor privilegio, un honor y mi más preciado regalo.

Sé que cada día que viví antes de conocerte fue para prepararme para ti. Encontrarte activó mi potencial de formas que nunca podría haber imaginado. No es casualidad que, cuando nos unimos, todo mi mundo encajó de golpe. Gracias por encontrarme, quedarte conmigo y crear juntas esta increíble vida.

CONTENIDO

III
LA PRIMERA CLAVE: TU SOL   39

Tu propósito de vida

HAS NACIDO PARA ESTO

SER VISTA

La primera vez que me topé con la astrología fue también la primera vez que recuerdo sentirme vista. Tenía ocho años. Al vivir en un pequeño pueblo entre las Montañas Rocosas, estaba rodeada tanto por la inconmensurable belleza de la naturaleza como por la despiadada ruina de la adicción. Pasé gran parte de mi niñez sola. Mientras los adultos de mi entorno salían de fiesta y se autodestruían con lascivo abandono, yo veía *El programa de Bill Cosby* y soñaba con una vida con padres, hermanos, abuelos y todo un linaje que cuidara de mí. Cuando la fiesta llegaba a casa, sentía una soledad distinta. Una sobredosis, un accidente mortal, un disparo, una condena de prisión. Con cinco años, ya conocía el sabor de la cocaína. Había aprendido que no tenía que contarle a nadie nada de lo que ocurriera en casa. Vivía aterrada. Así que me escondía. Me escondía en cualquier baño que tuviese pestillo. Me escondía tras una personalidad inventada, fría, sarcástica y distante. Me escondía para proteger mi terriblemente sensible y poroso ser del filo de las penas adultas que devoraban mi infancia.

Mientras la gente a mi alrededor sembraba el caos, no era raro que me encontrara en alguna choza improvisada en medio de la nada, junto a adultos con los que no quería estar, viendo cosas que no podía entender ni procesar. Estaba en una situación así el día que la astrología se cruzó en mi camino por primera vez. Una perfecta desconocida, una mujer blanca y delgada, con el cabello revuelto y mirada de malquerida, me hizo un regalo que nunca he olvidado. Armada sólo con mi fecha de nacimiento, estudió la posición de los planetas el día que llegué al mundo, levantó la vista con un destello en la mirada y me dijo: «Eres muy crítica».

Sí, sí que lo soy, pensé con orgullo.

No sabía qué significaba aquella palabra, pero me identifiqué inmediatamente con lo que sentí que implicaba. Ella me distinguió de mi entorno. Vio que poseía un tipo de comprensión de la que otros a mi alrededor carecían. Tenía un espíritu crítico y, con él, encontraría la manera de salir de aquel atolladero.

Aunque jamás volví a verla, aquel breve encuentro me dio algo a lo que aferrarme. Puede que sólo fuese un hilo, pero, cuando es lo único que tienes, parece una hebra de oro. En una situación que amenazaba con acabar conmigo, alguien consultó un libro de símbolos y números y usó la astrología para destapar una verdad sobre mí que me salvaría la vida.

Ser vistas es esencial para nuestra humanidad, nuestro crecimiento y nuestra habilidad para superar el trauma al que hemos sobrevivido. Si la astrología hace bien su trabajo, ofrece un espejo en el que se refleja la mejor versión de nosotras mismas y los caminos que nos conducen a ella.

AUTOACEPTACIÓN RADICAL

Cuando tenía doce años, me hicieron la primera lectura en profundidad de mi carta natal. Mi padre acababa de mudarse a la otra punta del país, a Toronto, con mi segunda madrastra, una mujer que me había visto crecer. Había pasado muchos fines de semana con ella y sus dos hijos. Nuestras infancias transcurrieron en paralelo. Nuestros padres habían salido de fiesta, trabajado y estado al borde del abismo juntos. Habíamos sido testigos de algunos de nuestros respectivos momentos más desgarradores, y habíamos sobrevivido. El hecho de que mi padre y su madre hubiesen huido del pequeño pueblo en el que habíamos crecido significaba que estaban listos para dejar atrás (en algo) la violencia, las drogas y la autodestrucción en las que todos nos habíamos visto envueltos.

Nos unían los sólidos vínculos del trauma y, por un momento, parecía que juntos podríamos sanar el sufrimiento colectivo de la última década. Éramos un grupo variado, traumatizado y de un pueblo pequeño. Una familia de inadaptados en busca de una nueva vida en la gran ciudad.

Mi nueva abuelastra, Anita, era maestra de *reiki*. Además de ser la mujer más cautivadora, mágica, espiritual, directa y sanadora que he conocido nunca, tenía una multitud de amigos tan dotados para las artes curativas y tan raros como ella. Médiums, astrólogxs*, exploradores de vidas pasadas, artistas y otras personas por el estilo nos rodeaban cuando llegué a Toronto. Todos a quienes conocí gracias a ella pare-

---

*Dado que Chani hace un esfuerzo consciente por utilizar un lenguaje neutro en inglés del que el español carece, he optado por usar la «x» para hablar de forma inclusiva.

cían dedicados a vivir vidas que no hiciesen daño a nadie. Invertían su tiempo desarrollando sus prácticas curativas y conocerlos me permitió entrever otra forma de ser en el mundo.

Poco después de la mudanza, Anita le regaló a la familia una lectura con Taina Ketola, una astróloga a la que conocía y con la que había trabajado. Taina vivía en un pequeño pueblo a las afueras de la ciudad, en una casa normal en una diminuta subdivisión suburbana. Por dentro, el universo que había creado era todo menos eso. Tan pronto empezó a describirnos a cada uno de nosotros, quedé embelesada. Escuchaba aquella lengua de símbolos por primera vez, pero sentí que la conocía desde siempre. Al explicarnos los pormenores de nuestras cartas natales con maestría y humor, me ayudó a entender cómo y por qué cada una de nosotras gestionaba la situación en que nos encontrábamos de manera distinta y cómo íbamos a salir adelante en la vida en general. Las distinciones que reveló entre nosotros me ayudaron a situarme respecto a los demás, lo que siempre es útil, pero que resulta especialmente imprescindible en una nueva unidad familiar. Ella había escrito un libro, *The New Astrology* (La nueva astrología), y mi padre me lo compró. Se convirtió en mi Biblia. Siendo una niña en busca de cualquier tipo de sabiduría y orientación, la astrología se volvió inmediatamente una obsesión en toda regla, pero aún faltaban décadas para que terminara por aceptarla como mi camino.

Tardé en encontrar mi cometido. Muchísimo. Varios astrólogxs me avisaron de que, con una posición de Saturno como la mía, podía ocurrir, pero es difícil entender el verdadero significado de aquello cuando eres tan joven. Tenía muchísima energía, pero sólo sabía canalizarla en la terapia, los talleres de *reiki* con Anita, los rituales espirituales, los libros de autoayuda, las afirmaciones, las meditaciones, los episodios del programa de *Oprah* y la astrología. Pasé gran parte de la década de mis veinte en una incubadora de sanación. Para mantenerme, hacía trabajos comunitarios, lecturas astrológicas, sesiones de *reiki*, muchas veces de camarera delante o detrás de la barra, de limpiadora, de trabajadora temporal o de cualquier otra cosa que pagara las facturas. Aunque sabía que hacer lecturas astrológicas era una forma de ganar dinero, no me sentía suficientemente fuerte emocional, psicológica o estructuralmente como para hacerlo. Sabía también que realizar únicamente lecturas no era suficiente para mí. Aunque es un honor leer la carta natal de otras personas, siempre he sabido que quería llegar a un público más amplio que el del trabajo cara a cara. Antes de las redes sociales, sin embargo, esa posibilidad sólo estaba al alcance de unos pocos. Con veinte años, el negocio que tengo hoy no era una opción. A veces, tardamos en encontrar nuestro cometido porque el mundo todavía no nos ha alcanzado.

La verdad es que me sentí perdida durante la mayor parte de mi vida profesional. A principios de la treintena, trabajaba muchas horas como profesora de yoga para gente de cualquier condición: famosos, enfermos de cáncer, gente sin techo y presos del masivo sistema carcelario. Mi trabajo se hallaba en el reino de la sanación, pero aún me sentía incompleta. No estaba cumpliendo con mi propósito y eso me atormentaba. No quería formar parte de la industria del yoga. No quería enseñar una disciplina física y espiritual que pertenece a una cultura que no es la mía. No quería ser otra mujer blanca apropiándose culturalmente de la espiritualidad india. Busqué y busqué algo que hacer. Lloré. Me amargaba que todo me costara tanto.

Mientras, soñaba constantemente con los planetas. Hablaba de astrología durante la terapia y, cuando lo hacía, mi terapeuta me decía: «Sabes, cada vez que hablas de astrología se te ilumina la mirada, la habitación se llena de energía y todo tu ser se transforma». Y la miraba fijamente, molesta por no entender mi crisis.

Me sentía profundamente frustrada, no tenía dinero y pasaban los años. Así que hice lo que cualquier persona a mediados de la treintena hace cuando ya no sabe cuál es el siguiente paso.

Volví a estudiar.

Cursé un grado en el Instituto de Estudios Integrales de California en San Francisco, donde un grupo de atentos, amables y brillantes educadores me devolvió la necesidad de involucrarme en la lucha por la justicia social y mi amor por la escritura. Al mismo tiempo, las redes sociales estaban revolucionando la forma en que nos comunicábamos entre nosotras y esto me permitió enfocar mi relación con la astrología desde un nuevo prisma.

No quería ser astróloga: en mi cabeza, eso no era un oficio «de verdad». Quería ser algo respetable. Después de crecer en un pueblo lleno de falsedades y escapismo, quería algo que mantuviese mis pies en la tierra y que tuviese una utilidad real y práctica para los demás. ¿Cómo iba la astrología a darme eso?

Los planetas tenían un par de sugerencias. Todavía me visitaban en sueños como siempre, sólo que ahora hablaban más alto y con más autoridad, despertándome aterrorizada en mitad de la noche. Parecía que la única forma de hacerlos callar era obedecer. Armada de un Blogspot y de mis primeros torpes y confusos horóscopos, empecé a escribir. No porque pensara que alguien fuese a apreciar mi estilo de autoayuda astropolítica (de hecho, estaba segura de que la gente lo odiaría), sino porque sentí que, si no canalizaba todo lo que se estaba despertando en mí, me haría daño.

Todavía necesité unos cuantos años más de dudar de mí misma, varios intentos fallidos de encontrar otra carrera significativa y dejar tres maestrías para decidir darlo todo. Me había agotado. Había probado todas las alternativas que se me habían ocurrido. Le daba vueltas a lo que mi terapeuta y otras personas me habían dicho en el pasado. Ahí se encontraba mi energía. Cuando hablaba de astrología, me llenaba de vida. Era fácil desestimar aquello cuando era más joven, pero, a medida que me hacía mayor, me daba cuenta de cuán especial era en realidad. Cuando nos enfocamos en lo que verdaderamente da un propósito, energía y entusiasmo a nuestra vida, nos convertimos en un catalizador para transmitir más de lo mismo.

Escribir horóscopos me brindó un vínculo con el mundo exterior. Seguía soltera, sin mucha vida familiar y amargamente sola gran parte del tiempo, pero escribir era para mí (entonces y ahora) como un romance. Me estaba creando activamente un sitio en el mundo y podía sentir que eso era el comienzo de algo que había estado buscando toda mi vida. Cuando llevaba un par de años escribiendo horóscopos, empecé a estudiar astrología tradicional formalmente con Demetra George y caí en la cuenta de que la astrología, el ritual y trabajar con las personas como estaba empezando a hacerlo ya, estaba en mi carta natal. Claro como el agua. Esperando a que lo viera, a que lo aceptara y a que lo viviera. Poco después, conocí a la mujer que se convertiría en mi esposa y todas las piezas de mi vida comenzaron a encajar de golpe.

La astrología me ha ayudado a aceptar mi pasado, presente y futuro potencial más radicalmente y con más certeza que ninguna otra cosa. Te ofrezco este libro con la esperanza de que valide tus deseos más profundos y tus sueños en vida, al tiempo que te rete a aceptar la responsabilidad de hacerlos realidad.

I

TU CARTA NATAL

LOS PLANOS DE TU POTENCIAL

Tu carta natal es una instantánea del cielo en el momento exacto en que naciste. Marca el momento de tu llegada al mundo. Es una especie de plano celestial que encierra las claves para vivir una vida llena de sentido.

La astrología popular se ha centrado considerablemente en una única letra del alfabeto astrológico: el signo solar. Aunque el Sol estuviese en Sagitario el día de tu nacimiento, eso no es más que una fracción de todo lo que estaba ocurriendo en el cielo. Cada planeta y signo está en algún punto de tu carta natal. La astrología representa la totalidad de la vida y, como en la vida misma, no podemos escapar a ninguno de sus aspectos. No sólo eres Virgo, Géminis o Libra; eres un instante en el tiempo, con cada signo, planeta y punto representando un rol en quién eres, cómo te mueves por el mundo y qué viniste a hacer en él.

Cualquiera que fuese el patrón que constelaba los cielos durante tu nacimiento, éste será la huella cósmica de tu alma, el mapa del camino que seguirás mientras vivas y la manera en que te desenvolverás por él. Sea la influencia de Marte la que se deje notar en tu carta natal —incitándote al conflicto y a actuar valerosamente— o sea Júpiter quien tome el control sobre la dirección de tu vida —alentándote a abrir puertas con optimismo y generosidad—, tú, como todas y todo en este mundo, eres un talismán celestialmente trascendente.

La posición de los planetas en tu carta natal revela la naturaleza de tu vida sin juzgarla. Tu distribución astrológica es un reflejo neutro de tu vida, como un espejo. Sólo juzga el reflejo quien lo mira; el espejo se limita a mostrar lo que tiene enfrente. La astrología se encarga de recordarnos que somos exactamente cómo debemos ser, y que hay un buen motivo para ello. A propósito, y con un propósito según el cual debemos vivir si queremos sentir algún tipo de plenitud.

LAS TRES CLAVES DE TU CARTA NATAL

En cada carta natal hay tres claves que, en esencia, revelan el sentido de tu vida, tus necesidades físicas y emocionales y tu motivación para vivir. Casi me avergüenza admitir que no vi claro el sentido de mi carta natal hasta haber cumplido casi cuarenta años. La había analizado cuidadosamente durante décadas, me había perdido a través de un millón de madrigueras intentando entender hasta sus más oscuros recovecos, multitud de talentosos astrólogxs me la habían leído otras tantas veces, pero hasta que no obtuve las herramientas de la astrología tradicional y hube leído mi carta a través de estas tres sencillas claves, no pude entender los planos de vida que mostraba. Los detalles de mi potencial no eran más que vagas referencias a un futuro que sentía que me eludía constantemente. De ahí mi pasión por enseñarte cómo interpretar tu carta natal de esta forma.

Las tres claves son:

1. ☉ **El Sol**: tu propósito de vida.

2. ☾ **La Luna**: tus necesidades físicas y emocionales.

3. ☼ **El Ascendente y su regente**: tu motivación para vivir y la dirección en que se encamina tu vida.

Al terminar este libro, entenderás cada una de estas tres claves en tu carta natal y tendrás las herramientas necesarias para descifrarlas. Cementarán la comprensión de ti misma, de tu vida y de su significado. Te ayudarán a quererte y aceptarte tal como eres. Entender nuestra carta natal es sólo el umbral; el esfuerzo de atravesarlo debemos hacerlo nosotras.

El Sol de tu carta definirá la naturaleza de cómo y dónde debes brillar. La Luna te dirá cuál es la mejor manera de desentrañar a diario tu propósito, siempre con mucho cuidado y teniendo en cuenta tus necesidades físicas y emocionales particulares. El signo de tu Ascendente revelará tu motivación específica para vivir. El planeta que lo rige te dirá en qué dirección se encamina tu vida.

El resto de las cosas en tu carta natal estarán o apoyando u oponiéndose a estas claves o, para lo que nos interesa aquí, serán secundarias.

CREA TU CARTA NATAL

Visita mi página web *www.ChaniNicholas.com* para descargar tu carta natal. Necesitarás saber el día, mes, año, localización y hora de tu nacimiento para que sea precisa. Los tiempos lo son todo en astrología. Cuanto más precisamente conozcas el momento de tu nacimiento, más acertada será la carta. Hacer el esfuerzo de investigar el momento exacto en que naciste siempre vale la pena.

Es importante que conozcas toda tu carta natal, no sólo una lista de en qué signos estaban los planetas cuando naciste. Esa lista es útil, pero algo despierta en nosotras cuando vemos el diagrama del cielo en el momento en que vinimos al mundo. Ser capaces de situar los planetas en sus casas y ver las conexiones que tienen entre ellos es cómo aprendemos astrología.

En cuanto poses la mirada sobre tu carta, puede que te sientas abrumada por todos los patrones que contiene. Cada vez que te enfrentes a nueva información, te hará falta tiempo para integrarla. Acepta esto como lo que es: un viaje, no algo que puedas dominar o hacer con precisión en tu primer intento. Aunque algunas revelaciones ocurren pronto, otras serán invisibles durante mucho tiempo.

El proceso amerita paciencia, compasión y humildad. Muchas llegamos a la astrología buscándonos a nosotras mismas, o el sentido de nuestra vida, o pistas sobre lo que hemos venido a hacer a este mundo y si vamos por buen camino. Tu carta natal te mostrará todo eso y más si tienes la paciencia de aprender su idioma y navegar a través de la manera, a veces lenta, que tiene de desvelarte las respuestas.

Demetra George dijo que, igual que otras tradiciones de conocimiento, la astrología es un sistema secreto en sí mismo, lo que significa que las enseñanzas no son del todo accesibles hasta que la alumna está lista para aprender. Aquello que busquemos se nos escapará hasta que nos abramos a entender algo sobre nosotras mismas. La astrología, como toda práctica curativa, funciona mejor con el tiempo y estratificando la información. Es un lenguaje

¿Y SI NO SABES LA HORA DE TU NACIMIENTO?

Si no sabes de antemano a qué hora naciste, quizá esté en tu certificado de nacimiento. Si no, te recomiendo que solicites un certificado de nacimiento literal (long-form birth certificate, en inglés) pidiendo específicamente que contenga tu hora de nacimiento. También puedes ponerte en contacto con el hospital donde naciste y pedirle el registro de tu nacimiento. Si todo falla, ¿tienes algún familiar que pueda recordar esta información o un álbum de bebé que la incluya?

Si no, aún te quedan un par de opciones. La primera es llevar a cabo una rectificación, que consiste en intentar deducir la hora de tu nacimiento usando la información de la que dispones y la cronología de sucesos de la que estás segura. Es lento y algo trabajoso, y no puede garantizar ninguna exactitud, pero mucha gente se contenta con los resultados. Busca un/x astrólogx que lleve a cabo este tipo de trabajo y que pueda ayudarte a deducir el momento aproximado de tu nacimiento utilizando los eventos más importantes de tu vida que recuerdes.

La otra opción es que trabajes con lo que tienes, sabiendo que te estarás relacionando con la astrología de forma mucho menos específica. No sabrás en qué casas se encuentran tus planetas o signos, pero aún podrás descubrir mucha información sobre las fortalezas y desafíos de tu distribución astrológica al saber en qué signos están tus planetas y qué relación tienen entre ellos en tu carta. No sabrás cuál es tu Ascendente, o cuál su regente, cosa que representa una de las claves de este libro. Sin embargo, aprender sobre tu Sol y tu Luna, y su relación con los otros planetas de tu carta natal, seguirá ofreciéndote mucha información astrológica de valor con la que trabajar. El patrón del cielo aún podrá revelarte detalles específicos e informativos sobre el sentido de tu vida.

simbólico que se dirige tanto a la parte lógica de nuestro cerebro como a nuestro insconsciente. Cuando estés lista, te inundará de entendimiento, iluminando los arquetipos que estás personificando, las lecciones que te están enseñando y las formas en que puedes canalizar la energía de tu vida. A veces, obtener el conocimiento que necesitamos puede llevar años, pero siempre llegará en el momento adecuado.

Incluso cuando conocemos las palabras que nos dicen, puede ser difícil captar inmediatamente lo que significan concretamente para nosotras. Para interpretar nuestra carta astral, tenemos que entendernos primero a nosotras mismas, cosa que lleva trabajo. Debemos desarrollar la voluntad de ser introspectivas, contemplativas, reflexivas y curiosas sobre cómo nos movemos en el mundo y cómo el mundo responde a ello.

Sujeta siempre las herramientas de la astrología con respeto por su poder, y con la consciencia de que toma mucho tiempo entender qué están comunicando y de qué son capaces.

COMPROMÉTETE CON ESTE PROCESO

Recuerdo que un/x astrólogx me dijo, al ver mi carta natal, que no sabía cómo llegaría a dejarme querer. Entendí a qué se refería porque sabía qué parte de mi carta estaba mirando, pero me sentí totalmente patologizada ante su perspectiva sobre mi potencial para superar los desafíos que mi carta natal presentaba. En aquel momento, me costó no darle a esx astrólogx, alguien a quien admiraba desde hacía años y a quien todavía admiro, poder sobre mi vida y sus caminos. Tardé un poco, pero al final escogí creer que era capaz de sanar. No estaba condenada. Encontré el amor. Descubrí que, en realidad, me siento muy cómoda dándolo y recibiéndolo en las condiciones adecuadas.

Las nociones preconcebidas que tenemos sobre nosotras mismas, o las nociones que los demás tienen sobre nosotras, pueden dominar nuestra visión del mundo y desviarnos del objetivo de nuestras vidas y de nuestra astrología misma.

Plantéate llegar al siguiente acuerdo contigo misma, conmigo como guía temporal y con el sistema de la astrología en general, antes de continuar con este libro o cualquier otro aspecto de tu aprendizaje:

1. **Prometo nunca darle demasiado poder a mi actual entendimiento de mi carta natal.**

Es inevitable que, a medida que profundices en el aprendizaje de tu disposición astrológica, malinterpretes lo que tengas delante. Probablemente durante mucho tiempo.

Los seres humanos somos, por desgracia, seres increíblemente temerosos. Tendemos a proyectar nuestras preocupaciones y prejuicios sobre todo lo que vemos, más aún cuando intentamos encontrar un reflejo fiel de nosotras mismas. Son incontables las veces que una persona ha acudido a mí aterrada y sintiéndose condenada porque le había dado un significado incorrecto a algo en su carta natal. Cuando le otorgamos demasiado poder a nuestra carta, o a cualquier cosa o persona, perdemos de vista nuestra propia agencia. Procura que la aproximación a tu carta sea desde una perspectiva de inquisitiva y optimista autonomía.

2. **Prometo nunca subestimar la sabiduría entretejida en mi carta natal.**

Cuanto más profundices en el conocimiento de ti misma y de tu vida en general, más profundizarás en tu carta natal. Evita sacar conclusiones sobre el significado de tu carta antes de darte la oportunidad de vivir, dar forma y estar a la altura de sus posibilidades.

A medida que crecemos y cambiamos, también lo hace nuestra capacidad de enfrentarnos a los aspectos más difíciles de nuestras vidas. Con tiempo y esfuerzo, nos volvemos capaces de movernos con mayor destreza y encarar con mayor sabiduría lo que nos hace daño. Si te comprometes con tu sanación, aprenderás a apreciar los aspectos más difíciles tanto de tu carta como de tu vida. Lo que, a primera vista, pueda parecer terrible, puede convertirse en una mina de oro de posibilidades si estamos preparadas para dejarnos transformar.

3. **Prometo siempre dejar espacio para aprender, desaprender y reaprender.**

Sin importar lo que descubras en tu carta, siempre podrás crecer, sanar, cambiar y evolucionar. Ninguna firma astrológica puede quitarte ese poder. Sean nuestras cartas fáciles o un desafío, todas tenemos el deber de llegar a ser. Sólo tú puedes decidir cómo crecer.

CÓMO USAR ESTE LIBRO

A medida que empieces a empaparte de este material, siempre está bien darte tiempo para reflexionar sobre cada nuevo conocimiento que adquieras. Escribe lo que sientas que resuena particularmente bien contigo. Deja descansar regularmente el material. Integra en ti lo que te parezca verdadero. Sueña con ello. Habla de esto con tu terapeuta, con tus amigos más cercanos y con tus mentores.

Este libro está escrito como guía y como libro de ejercicios. Al terminar cada una de las lecciones, encontrarás preguntas de reflexión con las que puedes interactuar tan profundamente como desees. Te guiaré a través de este viaje de autodescubrimiento lo mejor que sepa. Cubriremos las definiciones básicas y empezaremos a desarrollar una comprensión profunda de todo lo que tu carta natal intenta decirte.

Trata este libro como si fuese un *Elige tu propia aventura*. Exploraremos en detalle tu Sol, tu Luna, tu Ascendente y su regente. Ve directamente a los pasajes que se refieran particularmente a ti, toma apuntes, trabaja con las preguntas de reflexión y las afirmaciones que te sean útiles. Vete y vuelve a medida que te sientas preparada para absorber nueva información sobre tu carta natal. También puedes usar este libro para estudiar la carta de otra persona, si te ha dado permiso para ello. Este es tu viaje. Tu aventura. Sólo soy una de las guías que encontrarás en tu camino.

A lo largo del libro, haré referencia a las cartas natales de la doctora Maya Angelou y de Frida Kahlo, dos personas que dejaron tras de sí ricos legados autobiográficos que contribuyeron a dar forma a la cultura, al arte y a sus respectivas profesiones. No sólo las he escogido porque su trabajo ha sido profundamente inspirador para mucha gente, entre quienes me incluyo, sino también porque, en un sentido más práctico, disponemos de momentos de nacimiento concretos y verificados para ambas, lo que no siempre es fácil de encontrar. Además, las dos vivieron sus vidas y han dejado este mundo, así que no tendremos que adivinar ningún potencial futuro que todavía no haya ocurrido.

LISTA DE LECTURA

Antes de continuar, reúne lo siguiente:

- Tu carta natal.

- Papel, bolígrafo y marcadores.

- Tu diario.

- Agua y algo de comer.

Crea un altar en honor a tu carta natal

Los altares son espacios que creamos conscientemente para marcar nuestros momentos importantes. Un altar no tiene por qué ser religioso o espiritual si ese contexto no resuena contigo. Es un espacio donde nos dedicamos a la sanación psicológica y emocional y su forma tiene que adaptarse a tus necesidades, estilo, cultura y nivel de implicación.

Si quieres, puedes construir un altar para el trabajo que haremos juntas en este libro y así dejar constancia de tu experiencia y marcar el inicio de este viaje. A medida que aprendas cosas nuevas sobre tu carta, añade elementos al altar para insuflarle vida y traerla al mundo físico. Mientras leas sobre cada planeta, piensa en visitar mi página web para saber más acerca de sus propiedades y los colores, sabores, olores, hierbas, comidas, metales y minerales sobre los que rigen para obtener un mayor entendimiento de su naturaleza y las distintas formas en que se pueden estar manifestando en ti.

Para construir un altar, debes empezar con un espacio limpio y despejado, preferiblemente al este. Es mejor crear los altares en un ambiente neutro. Si tienes una mesa, encimera o estantería que puedas dedicarle al altar, lo mejor es que no lo muevas nunca para que siempre que estés ahí, sepas somáticamente que estás haciendo algún tipo de trabajo curativo.

El altar puede ser tan sencillo o elaborado como quieras. Una vela, una flor y una intención bastan para empezar. A medida que aprendas sobre tu Sol, tu Luna y el regente de tu Ascendente, siéntete libre de añadir cosas para representarlos a ellos y a cualquier planeta con el que tengan relación. Ésta es una forma de honrarlos e ir conociéndolos mejor.

II

LO BÁSICO

Empecemos por lo básico: en tu carta astral hay planetas, signos, casas y aspectos. Es esencial entender qué son y cómo se relacionan entre ellos.

QUIÉN: LOS PLANETAS

En astrología, los planetas pueden describirse como el «quién» de nuestras cartas astrales. Son los distintos personajes en el teatro de nuestras vidas. Algunos parecen ir a por nosotras y frustrar todos nuestros planes, mientras que otros siempre están ahí para apoyar nuestra trama. Por ejemplo, Saturno y Marte tenderán a ponernos a prueba (o a otras personas) antes de darnos su bendición. En cambio, Júpiter y Venus pueden darnos amor y suerte desde el principio sin pedir casi nada a cambio. Cada planeta, como cada personaje en una obra de teatro, es necesario. Demasiado de cualquiera es abrumador y necesitamos que todo el mundo esté presente para contar la historia al completo. Los planetas tienen cualidades específicas que crean unas condiciones determinadas en nuestros cuerpos, vidas y relaciones.

Los planetas tradicionales y sus roles son:

☿ **Mercurio:** El Mensajero.

♀ **Venus:** El Amante.

♂ **Marte:** El Guerrero.

♃ **Júpiter:** El Sabio.

♄ **Saturno:** El Capataz.

Los planetas modernos y sus roles son:

♅ **Urano:** El Revolucionario.

♆ **Neptuno:** El Soñador.

♇ **Plutón:** El Transformador.

CÓMO: LOS SIGNOS

Cada signo funciona de forma distinta, tiene su propio carácter, su estilo personal. Cada planeta en tu carta astral debe comportarse según el estilo del signo en que se encuentra. Por ejemplo, si Marte —el planeta del valor, del impulso y del deseo— se encuentra en Aries, necesita acción y hacer las cosas deprisa. Si está en Virgo, es agresivamente meti-culoso. En Piscis, va en busca de grandes vías de escape y sustento espiritual. Marte tiene un trabajo que hacer, pero cómo lo haga dependerá de su signo.

Los signos y sus estilos son:

♈ **Aries**: independiente, emprendedor.

♉ **Tauro**: estabilizador, con los pies en la tierra.

♊ **Géminis**: comunicativo, curioso.

♋ **Cáncer**: sensible, cuidador.

♌ **Leo**: expresivo, creativo.

♍ **Virgo**: perceptivo, reflexivo.

♎ **Libra**: sociable, agradable.

♏ **Escorpio**: intenso, penetrante.

♐ **Sagitario**: aventurero, positivo.

♑ **Capricornio**: resistente, reservado.

♒ **Acuario**: intelectual, perspicaz.

♓ **Piscis**: intuitivo, creativo.

Modalidades y elementos

Cada signo se clasifica por su modalidad y elemento. Hay tres modalidades (cardinal, fija y mutable) y cuatro elementos (fuego, tierra, aire y agua).

MODALIDADES

La modalidad de un signo nos dice cuál es su trabajo. Los signos cardinales empiezan las nuevas estaciones. Los signos fijos estabilizan la estación presente. Los signos mutables dejan ir una estación y se preparan para la siguiente. Por esto no hay dos signos de fuego, tierra, aire o agua que funcionen exactamente igual.

LOS SIGNOS CARDINALES

♈ **Aries:** inicia la acción.

♋ **Cáncer:** inicia lazos emocionales, vínculos y sentimientos.

♎ **Libra:** inicia las relaciones.

♑ **Capricornio:** inicia los planes a largo plazo.

LOS SIGNOS FIJOS

♉ **Tauro:** emplea el poder del mundo material.

♌ **Leo:** emplea el poder de la identidad.

♏ **Escorpio:** emplea el poder de su intensidad emocional.

♒ **Acuario:** emplea el poder de su intelecto.

LOS SIGNOS MUTABLES

♊ **Géminis:** difunde información.

♍ **Virgo:** difunde habilidades.

♐ **Sagitario:** difunde entusiasmo.

♓ **Piscis:** difunde sueños y visiones.

ELEMENTOS

Hay cuatro elementos: fuego, tierra, aire y agua. Cada elemento tiene su propio temperamento. El elemento de un signo revela si funciona por inspiración, practicidad, comunicación o emoción.

FUEGO

Cualidades: Espontáneo. Entusiasta. Inspirado. Expresivo. Intuitivo.

♈ **Aries:** toma iniciativas (cardinal) que demuestran su valor personal y sus habilidades para actuar en base a su propia inspiración (fuego).

♌ **Leo:** estabiliza (fijo) una cálida y divertida personalidad con la esperanza de atraer la atención y mostrar su expresión creativa (fuego).

♐ **Sagitario:** busca moverse sin restricciones (mutable) y con libertad para encontrar un sentido que ilumine (fuego) su propósito de forma optimista y positiva.

TIERRA

Cualidades: Centrada. Estabilizante.
Implicada. Generativa. Trabajadora.

♉ **Tauro:** desarrolla seguridad estabilizando (fijo) sus recursos y desarrollándolos en campos fértiles (tierra) desde los que puede producir gran abundancia.

♍ **Virgo:** quiere poseer habilidades (tierra) diversas (mutable) para servir a la vida. Virgo crea su propio sentido perfeccionando sus destrezas.

♑ **Capricornio:** inicia (cardinal) sus acciones con disciplina para lograr grandes hazañas. A través de su capacidad para utilizar las herramientas (tierra) a su disposición, Capricornio desarrolla el autocontrol necesario para escalar cualquier montaña.

AIRE

Cualidades: Intelectual. Centrado en ideas y hechos. Buen comunicador.

♊ **Géminis:** difunde (mutable) información (aire), conectando con muchos a través de intercambios intelectualmente estimulantes que generan nuevas ideas y relaciones.

♎ **Libra:** inicia (cardinal) relaciones (aire) en busca de equilibrio, armonía y justicia.

♒ **Acuario:** articula (aire) sus bien desarrolladas ideas con confianza en sí mismo (fijo).

AGUA

Cualidades: Intuitiva. Emotiva. Impresionista. Sensible. Receptiva.

69 **Cáncer:** inicia (cardinal) vínculos familiares a través de demostraciones de afecto (agua).

♏ **Escorpio:** penetra (fijo) los aspectos secretos y misteriosos (agua) de la vida.

♓ **Piscis:** conecta con un amplio abanico de experiencias siendo abierto e impresionable (mutable) con su entorno y siendo compasivo (agua) con muchos.

Casas, tronos y ambientes hostiles

Cada planeta tradicional tiene dos signos en los que se siente en casa, dos signos en los que está incómodo, un signo en que es reconocido y un signo en que cree que se le falta el respeto*. Los demás signos son territorio neutral.

- **Domicilio:** signo en el que un planeta se siente en casa. En él, tiene acceso a todos sus recursos, puede funcionar a toda máquina y está todo lo cómodo que puede estar.

- **Detrimento:** signo en el que un planeta está incómodo. Aquí, deberá redoblar sus esfuerzos para hacer su trabajo, obligándonos a amoldarnos y crecer como no hubiésemos hecho de otra forma.

---

*Nótese que el Sol y la Luna (conjuntamente conocidos como «las luminarias») tienen cada uno un solo signo en el que se sienten en casa, uno en que están incómodos, uno en que obtienen notoriedad y uno en que creen que se les falta el respeto.

- **Exaltación:** signo en que un planeta es reconocido. Aquí, nos brindará regalos y bendiciones casi sin esfuerzo.

- **Caída:** signo en que un planeta cree que se le falta el respeto. Aquí, tendrá dificultades para estar en igualdad de condiciones respecto a los demás, pero esa lucha nos servirá para honrar la experiencia del marginado.

PLANETA	DOMICILIO	DETRIMENTO	EXALTACIÓN	CAÍDA
☉ SOL	Leo	Acuario	Aries	Libra
☾ LUNA	Cáncer	Capricornio	Tauro	Escorpio
☿ MERCURIO	Géminis Virgo	Sagitario Piscis	Virgo	Piscis
♀ VENUS	Tauro Libra	Aries Escorpio	Piscis	Virgo
♂ MARTE	Aries Escorpio	Tauro Libra	Capricornio	Cáncer
♃ JÚPITER	Sagitario Piscis	Géminis Virgo	Cáncer	Capricornio
♄ SATURNO	Capricornio Acuario	Cáncer Leo	Libra	Aries

DÓNDE: LAS CASAS

Las casas son el lugar de tu carta donde se encuentran los planetas. Si los planetas son los actores y los signos sus estilos o disfraces, entonces las casas son el escenario donde transcurren sus historias. Cada casa es una porción del cielo visto desde la Tierra y representa un área específica de nuestras vidas. Desde nuestra salud mental hasta nuestro dinero, nuestra carta natal cubre toda nuestra existencia.

Las doce casas son:

- **Casa I**: ego, cuerpo, apariencia y vitalidad.

- **Casa II**: activos, recursos y sustento.

- **Casa III**: comunicación, vida diaria, hermanos y familia extendida.

- **Casa IV**: padres, hogar y cimientos.

- **Casa V**: niños, proyectos creativos, sexo y placer.

- **Casa VI**: trabajo y salud.

- **Casa VII**: alianzas comprometidas.

- **Casa VIII**: muerte, salud mental y recursos de los demás.

- **Casa IX**: viajes, educación, publicaciones, religión, astrología y filosofía.

- **Casa X**: carrera y roles públicos.

- **Casa XI**: amigos, comunidad, patrocinadores y buena fortuna.

- **Casa XII**: vida oculta, secretos, penas y pérdidas.

NOTA SOBRE EL SISTEMA DE LAS CASAS

Las doce casas de la carta astral representan secciones del cielo. Sin embargo, no hay una forma empíricamente «correcta» de dividir el cielo. Por eso, hay distintos sistemas de casas con los que lxs astrólogxs han trabajado durante milenios. Yo utilizo el **sistema de casas de signo completo** *porque es el que tiene mayor sentido filosófico para mí y el que me da mejores resultados. El sistema de casas de signo completo entiende cada signo del zodíaco como un lugar en sí mismo, su propia casa. Incluso si aprendiste a leer tu carta natal utilizando un sistema de casas distinto, la perspectiva del sistema de casas de signo completo sigue siendo una forma útil de entenderla. De la misma manera en que hay muchas formas de ver la vida, también las hay de mirar el cielo y las casas de tu carta. Cada una mueve un poco o mucho los planetas de una forma u otra. Utiliza el sistema de casas que tenga más sentido para ti después de investigar un poco sobre su lógica y filosofía. Al fin y al cabo, es tu carta natal, y lo único que importa es cómo la entiendas tú.*

Las casas de nuestra carta nos dan el contexto en que ocurrirán las cosas. Si el Sol, por ejemplo, está en la Casa X de la carrera profesional, tendrás que expresarte (el Sol) a través de salidas profesionales o de alguno de tus roles sociales (Casa X). Si Venus está en la Casa XI de la comunidad, entonces gran parte de tu buena fortuna (Casa XI) llegará a través de tu habilidad para establecer relaciones (Venus) con los demás.

Cualquier casa que tenga un planeta en ella representa un aspecto importante de tu vida que debes entender, pero las que estén ocupando tu Sol, Luna y el regente de tu Ascendente son áreas críticas que tienes que vivir, experimentar y con las que debes establecer una relación. Esto es así porque esos planetas tienen especial prioridad como marcadores de la vida y su propósito. Cuanto mayor sea nuestra relación

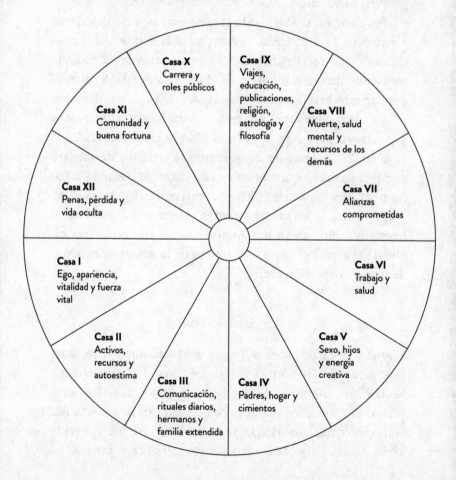

Casa X
Carrera y roles públicos

Casa IX
Viajes, educación, publicaciones, religión, astrología y filosofía

Casa XI
Comunidad y buena fortuna

Casa VIII
Muerte, salud mental y recursos de los demás

Casa XII
Penas, pérdida y vida oculta

Casa VII
Alianzas comprometidas

Casa I
Ego, apariencia, vitalidad y fuerza vital

Casa VI
Trabajo y salud

Casa II
Activos, recursos y autoestima

Casa V
Sexo, hijos y energía creativa

Casa III
Comunicación, rituales diarios, hermanos y familia extendida

Casa IV
Padres, hogar y cimientos

con ellos y las casas de nuestra carta en que residen, más fácilmente podremos entendernos y aceptarnos radicalmente.

RELACIONES: ASPECTOS

Los aspectos son las relaciones que dos o más planetas o puntos tienen entre ellos. Como en cualquier relación, algunas son fáciles e inspiradoras y otras difíciles e incluso desalentadoras. Podemos categorizar los aspectos en tres grupos: bendiciones, desafíos y combinaciones.

Por ejemplo, si Marte está creando un aspecto desafiante a otro planeta de tu carta, lo más probable es que se den condiciones que se sientan excesivamente calientes, causando irritación, ira o estallidos, pues Marte representa el calor. Si Júpiter está bendiciendo otro planeta de tu carta, entonces creará situaciones que se sientan abundantes, afortunadas y positivas, pues Júpiter es conocido por estas cualidades.

Cuando creamos un nexo entre los aspectos de nuestra carta y nuestras experiencias vitales, tanto las positivas como las negativas, podemos cultivar compasión por nuestra lucha y aprender a interrumpir nuestras creencias saboteadoras o nuestros comportamientos adquiridos. Es aquí donde el caucho de la astrología toca la carretera de la autorrealización y de la autoaceptación radical.

Las bendiciones

Hay dos tipos de aspectos (relaciones) que pueden considerarse bendiciones: sextiles y trígonos. Tanto los sextiles como los trígonos son aspectos que brindan dones, bendiciones y protección sobre los planetas con los que están conectados. Son como hadas madrinas o la tía favorita que siempre te da amor, apoyo y algo de dinero cuando sales por la puerta.

- **Sextil**: planetas que se encuentran a dos signos de distancia entre ellos; uno en un signo de tierra y el otro en un signo de agua, o uno en un signo de aire y el otro en un signo de fuego (signos con una separación de 60°).

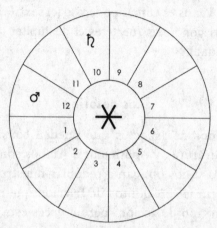

Los planetas en casas que forman un ángulo de 60° son un sextil.

- **Trígono**: planetas que se encuentran a cuatro signos de distancia entre ellos y en el mismo elemento; por ejemplo, dos o más planetas en distintos signos de fuego (signos con una separación de 120°).

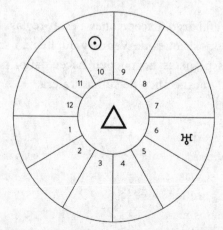

Los planetas en casas que forman un ángulo de 120° son un trígono.

Los sextiles son más sutiles que los trígonos, pero ambos son positivos y puedes apoyarte en ellos en momentos de agitación y dificultad, como cuando llamas a un amigo durante un atasco, o necesitas consejo o te sientes algo perdida. El sextil de Venus es el más poderoso (el sextil es su especialidad) y el trígono más fuerte es el de Júpiter (el trígono es su especialidad).

Los desafíos

Hay dos tipos de aspectos que pueden considerarse desafíos: cuadraturas y oposiciones. Ambos son desafiantes a su manera y nos obligan a redoblar nuestros esfuerzos. Las cuadraturas son puntos de fricción que nos empujan hacia algún tipo de acción, pero a veces esta fricción parece más bien una abrasión dolorosa. Las oposiciones son como el juego de tirar de la soga: en ellas tenemos que equilibrar los opuestos, integrar la polaridad y profundizar en el conocimiento de lo que proyectamos hacia el mundo y lo que tenemos que ser capaces de reclamar de vuelta.

Hay, sin embargo, excepciones a estas reglas. Las cuadraturas y las oposiciones de Venus y Júpiter no son «malas», ya que esos planetas no pueden hacer daño, pero pueden exacerbar algo específico de su naturaleza.

- **Cuadratura:** planetas que se encuentran a tres signos de distancia entre ellos; por ejemplo, un planeta en Tauro y otro en Leo (signos con una separación de 90°).

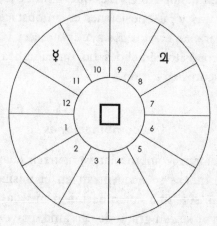

Los planetas en casas que forman un ángulo de 90° son una cuadratura.

- **Oposición:** planetas que se encuentran a seis signos de distancia entre ellos (en signos opuestos); por ejemplo, un planeta en Sagitario y otro en Géminis (180° de separación).

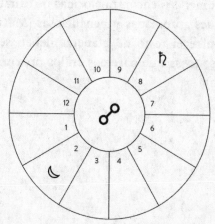

Los planetas en casas que forman un ángulo de 180° están en oposición.

Se considera la cuadratura de Marte como la más complicada (la cuadratura es el aspecto de Marte) y la oposición de Saturno como el mayor de los desafíos (la oposición es el aspecto de Saturno). No olvides que, aunque los desafíos de las cuadraturas y las oposiciones crean obstáculos, nuestra habilidad para superarlos nos ayuda a crecer y a acercarnos a nuestro propósito. Sin el desafío, quizá nunca pondríamos nuestros talentos en acción.

Las combinaciones

Las conjunciones (combinaciones) ocurren cuando dos planetas cualesquiera se encuentran en el mismo signo. Las conjunciones son una combinación o mezcla de energías. Cuanto mayor sea su grado de cercanía, mayor será su impacto. Las conjunciones entre Venus y Júpiter sirven para conectar fácilmente con los demás (Venus) y atraer abundancia (Júpiter) a nuestras vidas. Las conjunciones entre Marte y Saturno son un desafío que nos exije que desarrollemos la rigurosa disciplina (Saturno) necesaria para alcanzar nuestras metas o encontrar formas de canalizar nuestra ira en acciones apropiadas y beneficiosas (Marte). Las conjunciones entre el resto de planetas deben ser sopesadas caso por caso (cosa que haremos en los próximos capítulos de este libro).

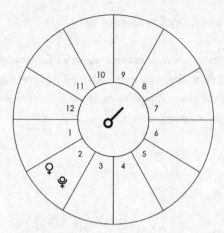

Los planetas en la misma casa forman una conjunción.

UNA VISIÓN DE CONJUNTO: LAS REGLAS

Hasta que las hayamos integrado perfectamente, resulta útil repetirnos regularmente las reglas. Los lenguajes arquetípicos como la astrología pueden volverse fácilmente un revoltijo de correlaciones que desdibujan el significado de lo que estamos mirando. Como recordatorio:

- Los planetas son los personajes de nuestra carta natal.

- Los signos reflejan el carácter y estilo personal de los planetas de la carta.

- Las casas son donde los planetas representan su obra y cuentan su historia.

- Los aspectos revelan qué planetas te desafían, cuáles te bendicen y cuáles se comportan como una unidad (sea o no armoniosa).

- Cada planeta está en un signo y una casa.

- Todos tenemos cada planeta, signo y casa en nuestra carta. Sin embargo, puedes no tener cada tipo de aspecto en ella y algunos de tus planetas pueden no tener ninguna relación con ningún otro planeta de tu carta.

III

LA PRIMERA CLAVE
TU SOL

Tu propósito de vida

Cada mañana, el sol se levanta triunfante al este del horizonte. Renace tras una larga noche de viaje por el inframundo, y su salida nos empuja a imitar sus movimientos: expresar nuestra gratitud, llevar a cabo nuestros rituales y ofrecernos para servir. La vida humana empieza en la oscuridad del útero, pero, una vez fuera del lugar de su concepción e incubación, necesita de una fuente fiable de luz y calor. El Sol de tu carta natal es tu fuerza vital. Es por eso que representa tu propósito de vida y, quizá, por lo que la astrología popular ha puesto tanto énfasis en el signo en que se encuentra.

La astrología es una sabiduría tradicional sustentada en la observación del mundo natural y podemos ver cómo los elementos de este mundo tienen una correlación con los planetas de nuestra carta natal. La vida necesita la luz y el calor del sol para crecer. Es resplandeciente, brillante y luminoso. Todo cuanto posea estas características está relacionado con el Sol. El oro es su metal y el dorado su color. El corazón, el centro de nuestro sistema físico, es el órgano sobre el que gobierna. A medida que descubramos qué otras cosas en la naturaleza florecen con el sol, o actúan como él, profundizaremos en nuestra relación con su sistema de conocimiento. La astrología no está ahí fuera, está a nuestro alrededor. Aquí mismo.

Cuando el Sol está bien posicionado en nuestra carta, trae consigo una confianza en sí mismo sin fronteras, generativa, generosa, valiente, magnánima y gloriosa. Cuando no lo está, le cuesta manifestarse. Como un día tormentoso, las nubes y alteraciones de nuestra composición astrológica pueden tapar la luz y el calor del propósito de nuestra alma.

En mi caso, el tener un aspecto complicado entre mi Sol y Saturno ha significado que la depresión ha salido a menudo victoriosa cuando me han dejado a mi suerte. Si no lucho conscientemente contra este aspecto, tiendo a hundirme con facilidad en la desesperación y la frustración. En cambio, mi esposa, que no tiene ningún aspecto complicado entre los planetas que tradicionalmente causan daño (Saturno y Marte) y su Sol, y que sí tiene uno muy útil con Júpiter, el planeta del optimismo, es y siempre ha sido propensa a encontrar soluciones y mantenerse proactiva y positiva en el proceso. Estaré eternamente agradecida por el apoyo que su carta y su corazón brindan a nuestras vidas, y recomiendo encarecidamente encontrar a aquellos que te equilibren emocional, psicológica y astrológicamente.

COMPRUEBA TU CARTA NATAL

ENCUENTRA TU SOL

Busca este símbolo ⊙ en tu carta natal.
Éste es tu Sol.

¿En qué signo se encuentra tu Sol?

Mi Sol se encuentra en el signo _____.

¿En qué casa se encuentra tu Sol?

Mi Sol se encuentra en la casa _____ **de** _____.

ASPECTOS CON TU SOL

En cuanto descargues tu carta natal en www.ChaniNicholas
.com, podrás ver qué planetas tienen un aspecto con tu Sol.
Recuerda, quizá no hay ningún planeta relacionado con él. De
momento, no te preocupes por lo que significan los distintos as-
pectos. Limítate a anotarlos y, más adelante, exploraremos su
significado. Rellena aquí abajo los espacios en blanco que te
correspondan.

Los planetas en el mismo signo que mi Sol son _____.

Los planetas que forman un trígono con mi Sol (cuatro signos/120°
de separación) son _____.

Los planetas que forman un sextil con mi Sol (dos signos/60° de
separación) son _____.

Los planetas que forman una cuadratura con mi Sol (tres
signos/90° de separación) son _____.

Los planetas que están en el signo opuesto a mi Sol son

_____.

Tu Sol tiene tres características principales que debes tener en cuenta a medida que desveles tu propósito de vida:

1. El signo en que se encuentra (cómo brillas).

2. La casa en que se encuentra (el área de la vida en que debes brillar).

3. Los planetas que tienen algún aspecto con tu Sol (quién tiene influencia sobre tu capacidad para brillar).

Puntos clave a tener en mente sobre tu Sol:

- Tu Sol es tu fuerza vital, tu identidad y tu propósito de vida.

- El signo en que se encuentra muestra cuál es tu forma de brillar.

- La casa en que se encuentra te dice en qué área de tu vida brillarás.

- Los planetas que tengan un aspecto con tu Sol apoyarán o desafiarán la forma en que brilles y experimentes tu propósito de vida.

TU SIGNO SOLAR
¿CÓMO BRILLAS?

¿En qué signo se encuentra tu Sol?

El signo solar representa el estilo en el que vivimos nuestro propósito de vida. Como el Sol es nuestro «yo» más primario, el signo en el que se encuentra nos desvela las formas en que nos sentimos cómodos brillando. No todos los signos buscan atención, cumplidos o elogios porque sí. Esto provoca una contradicción que algunos signos solares deben aprender a gestionar, ya que el Sol, cuando nada se lo impide, es carismático, desvergonzado y le gusta llamar la atención. Por ejemplo, si tienes el Sol en Acuario, brillarás al ofrecerle al grupo un sistema lógico bien pensado, o una estructura, o una manera de ver el mundo. En Libra, el Sol brillará a través de su estabilidad en las relaciones con los demás y, en Leo, el Sol se centra en brillar en todo su esplendor con el único propósito de compartir su resplandor con el mundo.

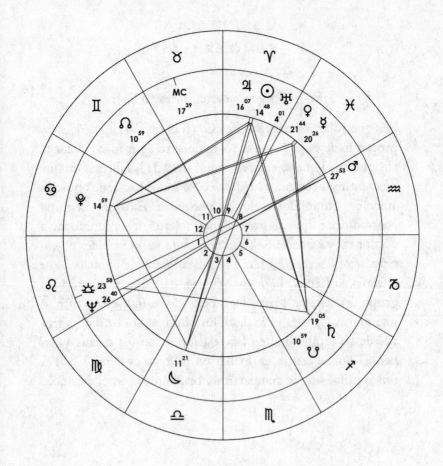

LA CARTA NATAL DE
LA DOCTORA MAYA ANGELOU

Fecha y hora de nacimiento: 4 de abril de 1928 a las 14:10.

Lugar: St. Louis, Misuri, Estados Unidos.

El Sol de la doctora Maya Angelou estaba en Aries. Esta posición brilla a través de la expresión de la individualidad y medra al tomar acciones que transgreden los límites que la cultura considera apropiados. La doctora Angelou fue una de las primeras personas negras en conducir un tranvía en San Francisco y lo logró a los dieciséis años. En un principio la rechazaron para el puesto, pero su madre la animó a presentarse en las oficinas cada día y exigir que la tuviesen en cuenta. «Fui allí [a la oficina] cada día durante dos semanas. Entonces, después de dos semanas, un hombre salió de su despacho y me dijo: "Ven conmigo". Me preguntó: "¿Por qué quieres el trabajo?". Y le contesté: "Me gusta el uniforme". Y añadí: "Y me gusta la gente". Y así fue como conseguí el trabajo»*. Esta no sería ni de lejos la única vez que la doctora Angelou desafiaría los límites que intentaría imponerle el patriarcado supremacista blanco estadounidense. Todo lo contrario: pasó la vida haciendo lo que otros decían que era imposible. Ésta fue sólo una de muchas primeras veces.

 Ahora es el momento de elegir tu propia aventura. Salta hasta la sección que hable de tu signo solar.

SOL EN ARIES

♈ ☉

El Sol en Aries, el signo cardinal de fuego, está «exaltado»: fuerte, energizado, independiente. En el hemisferio norte,

---

*«*Maya Angelou Was San Francisco's First Black Streetcar Conductor*», transmitido por la estación WYNC el 28 de mayo de 2014.

la entrada del Sol en Aries se corresponde también con el equinoccio vernal, el comienzo de la primavera. Desde ese momento en adelante, el calor y la luz del Sol aumentarán en intensidad. Dicha intensidad acompañará a los que tengan su Sol en Aries.

Que el Sol esté «exaltado» significa que se siente confiado en Aries. Esto no te garantiza una vida fácil y llena de fama, pero sí te asegura una reserva de fuerza que puedes utilizar cuando la necesites.

Gobernado por Marte, Aries es un signo que quiere demostrar sus habilidades para el combate. Si tu Sol está en Aries, debes enfrentarte a las cosas en la vida que de verdad te importan. Como signo cardinal de fuego, Aries inicia, se pone manos a la obra y trae el calor a cualquier planeta que resida en sus dominios.

Su símbolo es el carnero, que representa la renovación. Cuando esquila su lana, vuelve a crecer. Esto le da a Aries una sensación de invencibilidad. Aries no se acobarda ante ningún obstáculo. Necesita algo de tensión para que las cosas se pongan interesantes.

Si tu Sol está en Aries, es muy probable que tu motivación sea probarte a ti misma mediante actos de coraje, valentía y decisión. Sin embargo, ese empuje puede convertirse fácilmente en egoísmo cuando su énfasis se dedica a demostrar que llevas la razón. No cada interacción es un duelo, pero para tu Sol el conflicto es a veces demasiado tentador para ignorarlo. Si está distorsionado, tiende a ser prepotente, contundente, agresivo, arrogante e inflamatorio. Si esto te ocurre, podrías beneficiarte del tipo de instrospección que hace posible una respuesta razonable.

👁 *Afirmaciones*

- Trabajo en lo que me hace sentir libre para honrar mi energía y su poder.

- No estoy sola en esto. No olvido conectar con mis amigos, maestros, mayores, sistemas de apoyo y una energía superior a mí misma cuando necesito ayuda.

📝 *Preguntas de reflexión*

- ¿Cuáles son las acciones que más te llenan de energía?

- ¿Cuáles son las batallas en las que sientes que es importante implicarte?

- ¿Cómo crees que tu habilidad para interactuar valientemente con el mundo está relacionada con tu propósito de vida? Recuerda que no es necesario que entiendas exactamente cómo se manifiesta esto en tu vida ahora mismo, pero ¿existe en ti un deseo constante de hacerlo?

SOL EN TAURO

El Sol en Tauro, el signo fijo de tierra, brilla cuando estabiliza, afianza y construye con los recursos de los que dispone. Tauro toma la ajetreada y exuberante energía en bruto de la vida y le da un propósito. La moldea hasta convertirla en una obra maestra. Cultiva los campos de su potencial con su asombrosa habilidad para expresarse.

La magia de Tauro puede ser lenta, pero también es tenazmente poderosa. No se lo puede empujar, forzar o apurar. La naturaleza no se da prisa y tampoco lo hace este animal.

Los cuernos del toro, el símbolo de Tauro, representan la fertilidad. En parte debido a cómo hemos domesticado a su especie para la agricultura, los cuernos de esta gloriosa bestia han sido a menudo asociados con la Luna creciente, el símbolo de la Diosa, creadora y dadora de vida. Muchas veces, los cuernos se han asociado con las trompas de falopio, pero, más allá de la anatomía, la energía de Tauro es generativa. Gobernado por Venus, la diosa del amor y la conexión, Tauro dispone de una fecundidad innata.

Como signo fijo de tierra, Tauro es el núcleo que reúne a su alrededor a todos los necesitados. Si tu Sol está ahí, lo más probable es que ser generosa, ingeniosa y relajada sea lo que te llene de energía.

Nadie sabe relajarse como un toro.

Amante de todo lo sabroso, cómodo, lujoso y sensualmente agradable, tu Sol en Tauro sabe cómo disfrutar del mundo físico. Tu Sol ha venido para construir y disfrutar al máximo de una vida de placeres y de productividad.

Si está distorsionada, esta energía puede volverse controladora, posesiva, terca y obsesionada con la estabilidad. Tu Sol en Tauro puede usar la certeza como un mecanismo de defensa y tender a la inflexibilidad, el mangoneo y la beligerancia. Como la misión de tu Sol es estabilizar, correr riesgos, cambiar de rumbo o dejar a medias una mala película puede sentirse como una desviación demasiado grande para tu, generalmente, ritmo regular. Puedes, por lo tanto, quedarte atrapada en tus costumbres, rutinas e ideas sobre la vida. Tu Sol en Tauro se enfrentará al desafío de equilibrar tu deseo de regularidad con la necesidad de tomar los riesgos necesarios para respaldar tu crecimiento personal.

👁 *Afirmaciones*

- Me está permitido cambiar de opinión.

- Merezco tanto amor y apoyo como las personas a quienes se los ofrezco.

📝 *Preguntas de reflexión*

- ¿En qué aspecto de tu vida crees que eres buena construyendo, estabilizando y creando?

- ¿En qué aspecto de tu vida tiendes a volverte inflexible?

- ¿Cómo crees que tus habilidades para construir cosas sólidas o monumentales están relacionadas con tu propósito de vida? Si crees que aún no has desarrollado estas habilidades, ¿te parece que sería algo que te brindaría satisfacción y felicidad?

SOL EN GÉMINIS

♊ ☉

El Sol en Géminis siempre tiene alguna contribución notable que hacerle a este signo mutable de aire que difunde conocimientos a través del intercambio intelectual.

Los signos mutables tienen múltiples intereses por naturaleza y Géminis, un signo de aire gobernado por Mercurio, El Mensajero, es intelectualmente diverso. Infinitamente inquisitivo, es probable que tu Sol en Géminis esté constantemente buscando temas de conversación interesantes sobre los que sentar cátedra. Las contradicciones, dualidades y paradojas son el hábitat natural de tu Sol, que necesita conocer todos los aspectos de una teoría, situación o hecho. No es fiel a ninguna idea en particular porque necesita pasearse por tantos pensamientos como pueda para alcanzar una mejor comprensión de cualquier tema.

El símbolo de Géminis son los gemelos, que subrayan la naturaleza dual del signo y su necesidad de cambio. Como los vientos que soplan en diversas direcciones, puede parecer que estás en todas partes y en ninguna al mismo tiempo. Tu Sol siempre necesitará moverse de manera que parezca desafiar las leyes de la gravedad, del tiempo y del espacio. Hacia adentro y hacia fuera, reflexivo y reactivo, introvertido y extrovertido, Géminis está lleno de contradicciones.

De la misma forma en que su regente, Mercurio, está asociado con el arquetipo del mago, Géminis es un signo que adopta múltiples formas. Si se te da bien mostrar tu faceta social, quizá tu gemelo interior sólo es revelado a las personas en quienes confías de verdad y viceversa. Tener el Sol en Géminis puede implicar que te vuelvas tan adepta a la metamorfosis que pierdas de vista quién eres realmente.

Si está distorsionado, tu Sol puede volverse inconsistente, distraído, chismoso y charlatán. Los signos de aire fuera de control harán circular rumores a velocidades inalcanzables para cualquier otro signo. Géminis necesita mantener siempre equilibrados su deseo constante de hacer fluir la información con la discreción y la integridad. Cuando te sientas demasiado alejada de tu centro, puede hacerte falta tiempo para poner los pies en la tierra, centrarte y situarte respecto a tus relaciones con quienes no se sienten cautivados, engañados o absolutamente fascinados por tu habilidad para tejer una magnífica historia.

👁 *Afirmaciones*

- No tengo, ni necesito, todas las respuestas para llegar a mi destino.

- Confío en que la información que necesito llegará cuando me haga falta.

📝 *Preguntas de reflexión*

- ¿Qué tipo de información te llena de felicidad compartir?

- ¿En qué aspecto de tu vida eres una maestra? ¿En qué aspecto de tu vida eres una alumna?

- ¿En qué aspecto de tu vida sientes que el intercambio de ideas forma parte de tu propósito?

SOL EN CÁNCER

El Sol se convierte en una discreta pero potente fuerza emocional en este signo cardinal de agua que nos introduce en el reino de las sensaciones. Fiel a su mascota, el cangrejo, Cáncer se escabulle de lado para evitar las confrontaciones. Sin embargo, tiene un carácter tan volátil como las mareas que cabalga y, como un cangrejo entre la espada y la pared, atacará y se agarrará a lo que tenga cerca.

Tu Sol en Cáncer es el guardián de toda la memoria. Cáncer son las aguas primordiales de la creación, el útero de la humanidad que lleva consigo toda su historia y cada una de sus emociones. Si tu Sol está ahí, hay mucho escondido bajo tu superficie. Cáncer es conocido como el signo más cariñoso y maternal del zodíaco. Cuando quieres a una persona, ella lo sabe.

Tu Sol brilla cuando estableces lazos emocionales con otras personas. Los signos de agua son reflectantes y, al estar gobernado por la Luna, el papel de Cáncer consiste en reflejar la luz de los demás. Como un padre o un cuidador, siempre sabes lo que otros necesitan escuchar, saber o cuándo y cómo necesitan apoyo. Tu Sol quiere crear espacios donde sea posible establecer vínculos. Al no tener miedo a las experiencias emocionales intensas, el Sol en este signo de agua puede necesitar que te purifiques del impacto de los residuos emocionales que absorbes sin darte cuenta. Viejas rencillas envenenan tus aguas y sólo una limpieza terapéutica y regular de tu sistema psicológico puede ayudarte a sentirte más enérgica y viva.

Tu Sol en Cáncer es excepcionalmente hábil a la hora de intuir y cubrir las necesidades de los demás. Un cuidador natural, quizá recuerde un desliz emocional, pero también sabrá cuál es el restaurante, la película o profesora del instituto favoritos de sus seres queridos.

Cáncer es tan mutable como la Luna que lo rige. Si está distorsionado, tu Sol puede convertirse en alguien conocido por sus modales melancólicos y malhumorados. Morbosamente a la defensiva y aferrado al pasado, puede alternar fácilmente entre el martirio y la irritabilidad cuando provee demasiado cuidado y no recibe el suficiente.

Como un cangrejo, puedes llegar a desarrollar una coraza demasiado dura; un buen mecanismo de defensa para tus puntos débiles que puede condenarte al aislamiento. En esta posición, debes encontrar maneras de honrar la fuerza de tu vulnerablidad y de desarrollar límites sanos para vivir una vida conectada con el resto de complicados, amorosos y mutables humanos.

👁 *Afirmaciones*

- El cuidado es mi mayor recurso.

- Las emociones no son hechos, pero tienen latentes semillas de verdad que debo dedicarme a revelar.

📝 *Preguntas de reflexión*

- ¿Dónde sientes que tu poder emocional es más valorado y de mayor utilidad?

- ¿Quién dejas que cuide de ti?

- ¿Desarrollar vínculos emocionales o ayudar a los demás a iniciarse en el conocimiento de sus emociones forma parte de tu propósito de vida? Si no, ¿se te conoce por ser alguien en sincronía con el reino de las emociones? ¿Es esto una parte central de tu identidad? ¿Cómo influye esto en la gente a tu alrededor?

SOL EN LEO

♌ ☉

En el hemisferio norte, donde se originó este sistema astrológico, el Sol entra en plenitud a finales de julio y en agosto. Por eso, se le otorgó el dominio del signo en el que producía más calor. El Sol rige a Leo. Es su casa, su trono, el lugar de su esplendor.

El Sol en Leo tiene acceso a todos sus recursos, sus talentos y a toda su gloria. Tener el Sol ahí significa que estás destinada a brillar al rojo vivo. Confianza, majestuosidad y corazón son algunos de los atributos positivos del Sol en el signo fijo de fuego. Aquí, brilla sin vergüenza: glorioso, exhuberante y exhibiéndose con descaro como el principal portador de luz y calor. Este Sol necesita celebrar y ser celebrado.

Con un estilo regio, tu Sol en Leo necesita gobernar sobre algo. Aunque no todo el mundo nacido durante el tránsito del Sol por este signo se siente empujado al líderazgo, seguramente tu misión principal en la vida será encontrar la manera de prodigar tu fuerza vital y ser aplaudida por ello.

Un Leo mal querido puede ser una criatura peligrosa.

Las personas nos sentimos atraídas hacia la luz, y Leo ha tomado ese conocimiento y lo ha hecho suyo. Es el comediante arquetípico, el payaso que te roba el corazón con su amabilidad y carisma. Pasión, amor, drama, jugueteo, nobleza, coraje, romance y exhibicionismo son todas características del Sol en Leo.

Si está distorsionada, esta posición puede volverse egoísta, dominante y egocéntrica. Sin el escenario adecuado, tu Sol puede convertirse en una criatura amargada, descortés y con el corazón roto, cuyo carácter juguetón se ve eclipsado por su arrogancia. Tu Sol en Leo tiene que encontrar la forma más apropiada de manifestar su carisma y su encanto para evitar que su soberbia se enraíce. Utilizar tu personalidad como vehículo para llevar a cabo la labor que te corresponde es la manera de que tu Sol en Leo te lleve hacia una perfecta autorrealización.

👁 *Afirmaciones*

- Me está permitido disfrutar de las alabanzas que recibo.

- Honro mi energía encontrando maneras de expresarla alegremente en los lugares donde vayan a apreciarla.

📝 *Preguntas de reflexión*

- ¿En qué contexto te sientes alabada, apreciada y reconocida por tus talentos?

- ¿Te reprendes a ti misma por necesitar ser alabada y apreciada por los demás? Si es así, ¿por qué?

- ¿Sientes que tu autoexpresión, energía creativa y habilidad para brillar están relacionadas con tu propósito de vida? Quizá todavía estás tratando de descubrir la forma concreta en que brillas, pero ¿sientes que la idea de utilizar tu energía creativa en el mundo es importante y central para tu propósito de vida?

SOL EN VIRGO

En este signo mutable de tierra que está constantemente asimilando la sabiduría que recibe, tu Sol en Virgo brilla a través de una personalidad que se enorgullece de no conformarse nunca con ser «lo suficientemente buena».

Lo más probable es que te sientas vigorizada cuando has invertido tiempo, energía y esfuerzo desarrollando y perfeccionado las habilidades que quieres aplicar a tu trabajo en la vida. Sin dormirse nunca en los laureles, tu Sol en Virgo estará siempre ocupado refinando algún aspecto de tu repertorio.

Serio por naturaleza, tu Sol tiene un deber que cumplir y nada lo distraerá de él. Varios factores astrológicos pueden hacer variar este rasgo pero, en general, siempre te sentirás más tranquila trabajando eficientemente en algo que te importa. Los signos de tierra brillan llevando a cabo acciones que tienen un resultado tangible y una aplicación práctica. Como mínimo, podrás calmar tu ansiedad distrayéndote con una tarea que llegue a buen puerto.

La naturaleza exigente de Virgo está siempre en contacto con la crítica interior. Tu Sol puede aprender a disipar los demonios internos del perfeccionismo si enfocas tu consciencia hacia ser de utilidad para algo que sientas sagrado. Ser gobernada por Mercurio implica que la mente está en constante movimiento de un tema a otro y, en el caso de Virgo, esto puede convertirse en la búsqueda de un defecto tras otro.

No todas las que tienen el Sol en Virgo son introvertidas, pero este signo dirige su atención hacia sus propios depósitos de energía. Es su trabajo entender las reservas de las que dispone: las que deben ser utilizadas con moderación y las que se renuevan al instante. Los nervios crispados de tu Sol pueden calmarse limpiando, despejando y purificando. Estos rituales diarios o mundanos pueden transformarse en tus pequeños ritos de paso. Poner las cosas en orden ayuda a fluir a las energías mentales, físicas y emocionales.

El símbolo de Virgo es la virgen, el arquetipo de quienes se pertenecen a sí mismas. Virgo es la sacerdotisa y, en ella, el Sol conoce los caminos de la sanación natural. Como este signo está versado en entender sistemas, aquí tu Sol debe enfocar su energía hacia lo que clarifica, especifica y señala tanto el problema como su solución.

Al distorsionarse, tu Sol en Virgo puede derrochar toda su energía siendo demasiado crítico, controlador y descartando sus mayores proezas por faltar a la perfección. Virgo puede no ver el bosque por culpa de los árboles, dejar pasar el amor por no recibirlo como espera y perderse el momento por no manifestarse como cree que debería. Tu Sol necesita que encuentres todas las salidas posibles para tu energía, habilidad y esfuerzo para así ayudarte a reafirmarte siendo de utilidad.

👁 Afirmaciones

- Me perdono. Me quiero por ser humana.

- La mayor perfección a la que puedo aspirar es la devoción a mi proceso.

📝 Preguntas de reflexión

- ¿Cómo te impide tu crítica interior ser capaz de entrar en acción, crear, construir junto a otras o estar presente en tu vida?

- ¿Qué necesitas hacer a la perfección? ¿Cuándo te resulta eso útil? ¿Cuándo te impide eso completar un proyecto?

- ¿Sientes que tu capacidad de ser exigente está ligada con tu propósito de vida? ¿En qué faceta de tu vida tu criterio te es más útil? ¿En qué faceta tu habilidad para entender sistemas de sanación te ayuda a descubrir algo sobre tu vocación?

SOL EN LIBRA

♎ ☉

En este signo cardinal de aire que da comienzo a las relaciones, el Sol en Libra aspira a encontrar el equilibrio entre sí mismo y el otro, entre formas y sonidos, entre texturas y tonos. El Sol en Libra es el artista encantador: cuentista, pacificador, solucionador personal de problemas, diplómata, y activista. Como signo cardinal gobernado por Venus, Libra está aquí para dar comienzo a relaciones y asociaciones estéticas.

Tu Sol en Libra brilla cuando es justo, comedido y está dispuesto a llegar a un término medio, siempre sopesando cómo se siente la otra persona, qué necesita o cuándo está, aunque sea ligeramente, desequilibrada. Brillas por tu cercanía, ofreciendo tu buena voluntad y haciendo fácil la vida de quienes pasan por momentos difíciles. Tu Sol ayuda a aliviar cualquier incomodidad atajando el desequilibrio casi por instinto.

En Libra, el Sol está en caída, lo que significa que está en el lugar opuesto a donde es alabado y donde se aprecia su coraje, fuerza y valor (Aries). Tener el Sol aquí, significa que has venido para demostrar que eres diplomática, justa y suave de carácter, abierta a escuchar todas las versiones de una historia. Pero la dependencia de Libra del afecto de los demás va en contra del trabajo que tu Sol quiere que hagas. El Sol debe expresarse sin importarle las consecuencias.

Cuando el Sol se encuentra en un signo demasiado preocupado por los sentimientos ajenos —qué puedan pensar de él o cómo puede conseguir relaciones pacíficas con los demás— su habilidad para ser él mismo, brillando como mejor le parece (que es su trabajo), puede verse obstaculizada.

Tu Sol en Libra sentirá cada injusticia, cada falta de respeto y cada abuso, lo que a veces puede dejar alguna de tus necesidades sin cubrir. Cuando intentas hacer cada situación algo más justa, ¿sales perdiendo a menudo?

Tu Sol en Libra es cercano porque ése es, en muchos sentidos, su trabajo. Atraes a otros con una naturaleza suave que muchos encuentran relajante, cuando no tentadora. Si está distorsionado, tu Sol puede ser indeciso, complaciente, vano y puede tener dificultades para ser honesto por miedo al conflicto.

El Sol en Libra ofrece dones increíbles de equilibrio, armonía y justicia, pero debes aprender que tienes derecho a centrarte en tus propias necesidades en la vida.

👁 Afirmaciones

- El desacuerdo es una parte importante del crecimiento.

- Sólo puedo agradarme de verdad a mí misma, así que empezaré por ahí.

📝 Preguntas de reflexión

- ¿En qué facetas de tu vida permites que haya discordia, desequilibrio y falta de armonía?

- ¿Con qué poder te conectas cuando te sientes estéticamente auténtica?

- ¿Sientes que tu habilidad para crear belleza, iniciar relaciones y mantener la armonía está relacionada con tu propósito de vida? ¿En qué faceta de tu vida crees que construir relaciones es un puente para cumplir con tu propósito?

SOL EN ESCORPIO

♏ ☉

En este signo fijo de agua, el Sol brilla con un seductor y misterioso resplandor. El agua estancada no fluye libremente, sino que se concentra en las profundidades. Guarda los secretos como si de riquezas se tratara y mantiene cerca su energía, como una buena mano de póker. No puedes engañar a este signo, lo más probable es que conozca tus intenciones antes que tú misma.

Gobernado por Marte, Escorpio atraviesa las barreras psicológicas que esconden la verdad. Tu Sol en Escorpio brilla a través de una personalidad que penetra los reinos emocionales, psicológicos y psíquicos. Quiere conocer el secreto tras el secreto. Como un iceberg, tu Sol es un ente inamovible. Su profundidad no puede apreciarse a primera vista. Siempre se sentirá más cómodo ocultando algún aspecto de su poder hasta que alguien se dé de bruces contra él. Albergas los registros emocionales de una vida entera y, si tus heladas aguas se descongelaran de golpe, la marea podría hundirnos a todos.

La naturaleza fija de este signo implica que, si tu Sol está en él, tenderás a desarrollar una personalidad difícilmente influenciable. Tu poder yace en tu habilidad para focalizar tu energía. Quizá pierdas una batalla, pero estás jugando el juego más largo conocido por la humanidad.

Tu Sol en Escorpio no es impulsivo, sino que está profundamente comprometido con una estrategia. Esta fuerza y concentración te brindan una resiliencia que a menudo intimida a los demás. Rara vez un Escorpio huirá de lo sangriento, lo difícil o del desastre. Tu Sol sabe que estar conectado al conjunto de experiencias vitales, incluida la muerte, es regenerativo, empoderante y, precisamente, de lo que va la existencia.

El símbolo de Escorpio es el escorpión. Los escorpiones esperan a su presa. No cazan. No van detrás de cualquier oportunidad. No pierden el tiempo en nada de lo que no estén seguros. Pero, una vez que han decidido que quieren algo, puedes estar segura de que aguantarán cualquier cosa, desde la agonía hasta el horror existencial y el aburrimiento, hasta conseguirlo.

👁 Afirmaciones

- Confío en mi instinto. Sus mensajes son una bendición.

- Mis transformaciones personales son una parte natural de mi proceso vital.

📝 Preguntas de reflexión

- ¿Sientes a menudo la necesidad de transformarte para sentirte viva y llena de energía? ¿Cuáles han sido tus transformaciones más extremas?

- Cuando no tienes algo que puedas llamar «tuyo», ¿tiendes a controlar tus circunstancias externas? ¿De qué manera se manifiesta esto en tu vida?

- ¿Sientes que tus habilidades para mostrar y utilizar tu poder, guardar los secretos adecuados, ser inquisitiva y trabajar de forma transformadora están relacionadas con tu propósito de vida? Esto puede no haberse manifestado aún como cierto para ti, pero ¿sientes que esa idea te da seguridad?

SOL EN SAGITARIO

↗ ☉

En este signo mutable de fuego, el Sol sabe deambular. Sagitario busca y, cuando el Sol está en este signo, desarrolla una personalidad que tiende a filosofar, a confiar en sí misma y a ser optimista. Te abres a vivir la vida en todas sus formas. Con Júpiter gobernando tu Sol, debes vivir una parte de tu propósito de vida haciendo las cosas a lo grande y, probablemente, también quieras probarlo todo, aunque sea una vez.

Si algo te gusta, tu Sol en Sagitario querrá mucho de eso. Este signo de fuego se siente más a gusto cabalgando hacia el horizonte, es exuberante y funciona a base de fe y de grandes cantidades de información. Júpiter es el planeta de la sabiduría que simboliza a las profesoras, académicas y sacerdotisas de todo tipo. En este caso, tu Sol se apropia de estos arquetipos y los expresa a través de tu personalidad.

El símbolo de Sagitario es el centauro apuntando a la verdad con su arco y flecha. Tu Sol es esa flecha disparada hacia el cielo en busca de las respuestas definitivas a las preguntas más profundas y con la misión de descubrir en qué creer y cómo elevar y motivar a todo al que te encuentres.

Como todos los signos mutables, Sagitario es un híbrido. Medio humano y medio caballo, este signo de fuego es conocido por necesitar involucrarse en varios proyectos al mismo tiempo. Tu Sol en Sagitario se mueve en todas las direcciones y puede hacer que te cueste tomar decisiones, pero a cambio te proporcionará la energía para hacer varias cosas a la vez. Los signos de fuego tienen una intuición especial para saber cuándo aprovechar una oportunidad. Necesitas tener el espacio y la autonomía suficientes para actuar en base a tus instintos.

El Sol en Sagitario puede ser impulsivo e insensible. Como signo de fuego, sus ganas de entrar en acción son altas, así que deja poco espacio a la reflexión y a analizar cómo sus acciones pueden afectar a los demás. Si se desequilibra, este signo corre el riesgo de caer en el orgullo desmedido. Con Júpiter, planeta de la exageración, como regente, este Sol puede meterse en problemas; sin malas intenciones, pero en problemas, al fin y al cabo. Aquellas que tienen el Sol en Sagitario deben encontrar sus propios carriles en la vida para correr e inspirar a los demás a hacer lo mismo a su manera.

👁 *Afirmaciones*

- Freno para pensar en qué puedo estar dejando pasar.

- Creo mi propia suerte con mi exuberante fe.

📝 *Preguntas de reflexión*

- ¿En qué lugar en la vida te sientes libre para moverte a tu propio ritmo? ¿En qué lugar en la vida te propasas? ¿Por qué?

- ¿Te dice la gente a menudo que eres una fuente de inspiración? ¿Qué crees que la inspira?

- ¿Sientes que tus capacidades para encarnar el optimismo, la fe y la sabiduría está relacionada con tu propósito de vida? ¿De qué manera? ¿Tu capacidad para encontrar soluciones y acceder a tu abundante pozo energético ayudan a que vivas su propósito?

SOL EN CAPRICORNIO

♑ ☉

En este signo cardinal de tierra, tu Sol encontrará maneras de utilizar con practicidad tus recursos. Capricornio quiere que las cosas funcionen. Apegado a la tierra, a Capricornio le interesa lo que puede ayudarlo a alcanzar el pico más alto de la montaña de su elección y lo demás le da igual. Aquí, tu Sol es conocido por destacar en todo lo que hace.

Este Sol puede brillar incluso cuando está siendo pragmático, porque ese pragmatismo nace de una relación creativa con las herramientas a su alcance. Para lograr esto, debes dominar el arte de la restricción. Ningún signo entiende la gratificación a largo plazo como Capricornio.

Este signo está gobernado por Saturno, el planeta más lento del sistema tradicional, que aprecia el regalo del tiempo. Han de pasar varias lunas para completar un año y tanto Capricornio como Saturno saben de forma innata cómo conservar su energía.

Te sentirás más cómoda expresándote a medida que pase el tiempo, como un zorro plateado esperando su momento. «Mejorar con el tiempo» es un sentimiento hecho para este signo.

Con la cabra marina como mascota, tienes la capacidad de trepar cualquier montaña y hundirte en las profundidades de cualquier océano, por lo que tu Sol probablemente no se vea sólo cautivado por escalar las estructuras que le intriguen, sino también por explorar las aguas de la creación. No siempre exteriorizas tu emotividad, ya que viajas por el reino de las emociones en tus propios términos. Al fin y al cabo, la cabra montesa es una criatura solitaria.

Con el planeta anillado como regente, tu Sol se toma en serio los límites. La contención es el estilo y la estrategia de supervivencia de tu Sol, por lo que es importante que tanto tú como cualquiera que desee tu aprecio se tome en serio tus normas para merecer tu devoción. Quizá los demás no vean a primera vista cuáles son tus límites, pero lo sabrán con certeza en cuanto se propasen.

Si se distorsiona, tu Sol en Capricornio puede volverse rígido, demasiado escéptico, crítico y duro. Como su regente, Saturno, el Sol en Capricornio puede ser inalcanzable. Quizá terminas forzándote a conectar por el mero hecho de hacerlo, aunque es raro que esta posición te haga buscar consuelo en otros; es más probable que lo encuentres adhiriéndote a tu código ético-personal. A lo mejor, necesitas aprender cómo abrirte a las oportunidades de la vida para no perderte los frutos de tu trabajo por culpa de estar demasiado ocupada cultivando tus campos.

👁 Afirmaciones

- Es mi responsabilidad honrar el amor, la alegría y el placer tanto como honro mi trabajo en el mundo.

- Honro mi necesidad de soledad.

📝 Preguntas de reflexión

- ¿Qué parte de ti tiende a sufrir o a pasar estrecheces para conseguir lo que quieres? ¿Es necesario?

- ¿De qué o de quién te sientes más responsable?

- ¿Sientes que tu capacidad para manifestar tu energía creativa a través de la consistencia, la responsabilidad, la contención y la confiabilidad es una parte importante de tu propósito de vida? Si todavía no has encontrado la manera de hacer esto, ¿resuena la idea contigo?

SOL EN ACUARIO

En este signo fijo de aire, tu Sol expresa su naturaleza concentrando tu energía en búsquedas intelectuales. El Sol en Acuario te ayuda a desarrollar una personalidad que te hace conocida por tu capacidad para entender e innovar en sistemas que mejoran la vida de todos. El Sol en un signo de aire se expresa a través del intelecto, de la comunicación y de la habilidad para intercambiar ideas, pero, tradicionalmente, Acuario es un signo gobernado por Saturno, lo que significa que es algo remoto. Frío. Que marca las distancias. El planeta de los anillos tiene su propio mecanismo para crear el espacio que necesita.

El símbolo de Acuario es el portador de agua que derrama sus libaciones sobre la humanidad. Aquí, el Sol trae el maravilloso regalo de la clarividencia imperturbable. Acuario es un signo adepto al discernimiento intelectual y que reserva su exuberancia para cuando entiende su situación en profundidad. Su claridad tiende a atravesar el fango de las emociones para resolver los problemas.

El Sol se encuentra en detrimento en Acuario, pues es el signo opuesto a Leo, su domicilio. Aquí, se ve obligado a trabajar en un signo centrado en el colectivo, no en sus necesidades personales. El Sol en Acuario acostumbra a estar más cómodo pensando en la humanidad que teniendo intercambios emocionales con otros humanos (a menos que otra cosa en la carta contradiga esto). Para los signos de aire, la cabeza es, en general, un espacio más acogedor para vivir que el corazón. La mente es donde Acuario obtiene más poder, aunque puede convertirse en una debilidad si el resto del ser no se está desarrollando.

De la misma manera en que el Sol se ve en apuros en el signo centrado en las relaciones que es Libra (su caída), también pierde fuerza en Acuario (su detrimento) al no estar concentrado en expresarse a sí mismo. Eso no significa que no puedas ser tan poderosa o egocéntrica como cualquiera, sólo que el foco está centrado en tu capacidad para crear estructuras que propicien la igualdad.

El Sol en Acuario puede representar a alguien que trabaja de manera distinta a las demás. No dependes de la atención que el Sol tiende a buscar, dotándote así un posible aire de indiferencia.

Quizá te resulta sencillo ser la más lista de la sala, pero es así como tenderá a manifestarse la distorsión de tu Sol, que puede volverse tan lógico que te sientas tentada de ignorar los mensajes de tu corazón. Aprender a sentir, mostrar tus emociones y establecer una relación con tu cuerpo físico puede hacer maravillas. Una vez que te conectes a la sabiduría que ahí reside, serás imparable.

❦ Afirmaciones

- Mis emociones tienen su propia lógica.

- Tengo permiso para no saber qué hacer, decir o pensar en una situación.

✍ *Preguntas de reflexión*

- ¿En qué faceta de tu vida te resulta más útil la lógica? ¿En qué aspecto de tu vida depender de ella frena tu crecimiento? ¿Pensando en qué tema te vuelves demasiado rígida?

- ¿Qué te ayuda a desarrollar y mantener una conexión con tu vida emocional?

- ¿Sientes que tu habilidad para entender sistemas y saber innovar en ellos o para demostrar y dirigir tus habilidades intelectuales está ligada a tu propósito de vida?

SOL EN PISCIS

♓ ☉

Tu Sol en Piscis quiere ir en todas las direcciones en este signo mutable e híbrido de agua. El agua no contenida empapa las superficies de todo cuanto alcanza. Ser tan húmeda como mutable hace que tu personalidad sea maleable, a veces ingenua, adaptativa, reflexiva y engañosa. Aquí, tu Sol propicia una personalidad que recoge influencias de tantas fuentes como le sea posible. Tu Sol en Piscis no puede evitar permear tu entorno, haciendo que te ganes la reputación de ser compasiva, buena, empática y pacifista. Un enfermero por naturaleza, curandero, artista y poeta, tu Sol probablemente tenga la capacidad de dejar su marca en el mundo.

Piscis es un signo muy fértil y en el que tu Sol brilla por su versatilidad. Recargas tu energía viviendo tantas experiencias como puedes, tanto en el mundo físico como más allá. Eso no significa que no necesites tiempo para descansar y para la reflexión profunda. Como todos los signos de agua, a Piscis le hace falta reponer toda la energía emocional que emite. Como todos los signos mutables, puede sentirse también agotado por difundir su atención con demasiada amplitud.

El símbolo de este signo son dos peces nadando en direcciones opuestas, atados por una cuerda. Éste encapsula la paradoja del corazón de quien representa. Como dos personas remando en direcciones distintas en la misma barca, Piscis puede derrochar demasiada energía nadando en círculos. A lo mejor, este efecto de remolino termina por llevarte a otra dimensión, pero el Sol en Piscis tiene una personalidad a menudo indecisa, queriendo experimentarlo todo, con talento para muchas cosas y a la que la consistencia aburre con facilidad.

Para ti, los caminos de la vida son de todo menos rectos. Nadas al ritmo de tus propias aguas, fluyendo a través de las corrientes de tu vida en lugar de seguir un camino marcado. Quizá seas conocida por tener un aire místico y elusivo. Hay quien se enfadará, pero puedes evaporarte en cualquier momento, pues tu Sol es un artista del escapismo.

Al distorsionarse, Piscis puede terminar siendo un mártir, vagabundeando, desestructurado, distraído, perdido, aturdido y confuso. Tiene debilidad por recoger cada gato abandonado y pájaro con el ala rota que se encuentra. La compasión es su cualidad más honorable, pero sin una cantidad sana de discernimiento, no sirve para nada. Si tienes el Sol en Piscis, harás bien en aprender más sobre tus límites personales. Esa sabiduría es vital. No es tu responsabilidad curar a todo el mundo... ni a nadie, en realidad.

👁 *Afirmaciones*

- Obtengo mi energía del mundo a mi alrededor.

- Aprendo a cuidar de mí misma siendo clara con lo que quiero y necesito.

📝 *Preguntas de reflexión*

- ¿En qué faceta de tu vida la sensibilidad es tu fortaleza?

- ¿Tiendes a sentirte sobrepasada por los sentimientos de los demás? Si es así, ¿qué te ayuda a purificarte y dejar ir lo que has recogido de otros?

- ¿Sientes que tu habilidad para empatizar con los demás, mostrar compasión y manifestar puntos de vista creativos, está ligada a tu propósito de vida? ¿Sientes que eres capaz de utilizar tu sensibilidad o imaginación para algo que pueda llenarte?

LA CASA DE TU SOL
¿EN QUÉ ÁREA DE LA VIDA
DEBES BRILLAR?

¿En qué casa se encuentra tu Sol?

Si recordamos que el planeta es el qué, el signo es el cómo y la casa es el dónde, cuando vemos en qué casa se encuentra tu Sol, estamos mirando al lugar de tu vida en el que debes aprender a brillar, desarrollar tu personalidad y llevar a cabo una parte de tu propósito.

Por ejemplo, si tu Sol está en Virgo, conocido por ser muy trabajador, analítico y concienzudamente preciso, y se encuentra en la casa II del sustento, de los bienes y de los recursos, lo más probable es que tu propósito deba cumplirse a través de cómo te ganas la vida. Tendrás que encontrar sentido en tu trabajo para encontrar el sentido de tu vida. A lo mejor eres escritora (Virgo tiende a ser bastante astuto a la hora de construir una frase) centrada en el comentario social y en la crítica; o quizá una analista, una médica, una curandera o una herbolaria. El caso es que debes desarrollar un sentido del «yo» (el Sol) con respecto a tu relación con el dinero, los bienes y el sustento (la casa II) siendo considerada, útil, crítica, precisa y sanadora (Virgo).

El Sol de la doctora Angelou está exaltado en Aries (el signo que le da fuerza y fama potencial) en la casa IX de los viajes, la educación, las publicaciones y la filosofía. El Sol, como cada planeta, tiene una casa del gozo. El lugar de gozo del Sol es la casa IX, tradicionalmente conocida como la casa de Dios. Cualquier planeta en su lugar de gozo está en la casa donde es más feliz y donde puede hacer su trabajo con gran confianza en sí mismo. Esta disposición —un Sol exaltado en su casa del gozo— es especialmente poderosa. Le otorgó a la doctora Angelou la confianza, capacidad y vitalidad necesarias para dejar su huella en el mundo editorial. No es ninguna sorpresa, pues, que su primer libro, *Yo sé por qué canta el pájaro enjaulado*, cambiara por completo la opinión generalizada de que la autobiografía de una mujer negra no podía triunfar. Su primer trabajo habló sin tapujos del impacto del supremacismo blanco, especialmente en relación con la esclavitud y las leyes de Jim Crow en el sur de Estados Unidos, y fue también uno de los primeros libros en tratar explícitamente el tema de la violación infantil. Se convertiría en un *bestseller* durante dos años y sigue siendo una parte integral del canon de la literatura estadounidense.

 Ahora es el momento de elegir tu propia aventura. Salta hasta la sección que hable de la casa en que se encuentra tu Sol.

SOL EN LA CASA I

La casa I es un lugar de vitalidad, energía, ego, cuerpo y apariencia. Es la única casa de la carta natal centrada en nuestra propia identidad; todas las demás están relacionadas con algún otro aspecto de nuestras vidas. Por lo tanto, cualquier planeta en la casa I exige formar parte intrínseca de quienes somos.

Si tu Sol está en la casa I, deberás aprender a desarrollar tu potencial a través de tu personalidad. Por y para ti misma. Esto no significa que las relaciones no sean importantes en la vida o que no sean una parte central de su propósito, pero encontrar la manera de hacer que tu Sol brille es clave. Tanto la casa I como el Sol están relacionados con el ego y la energía de nuestra fuerza vital, así que, si tienes esta configuración, puede haber exageración o énfasis en tu desarrollo personal. El ego y la personalidad deben desarrollarse en el estilo de tu signo solar y de cualquier otro planeta que lo acompañe. Tu Sol te empuja a encontrar formas auténticas de expresar tu naturaleza solar y descubrir cómo puede servir a tu propósito de vida.

📝 Preguntas de reflexión

- ¿De qué formas está tu personalidad puesta al servicio de tu propósito de vida?

- ¿Eres alguien reconocido por lo que haces o por quién eres (aunque pueda resultarte incómodo)?

- ¿Sientes contrariedad o alivio cuando el mundo te mira?

SOL EN LA CASA II

La casa II representa las posesiones, el dinero, nuestro valor y propiedades. Si tienes el Sol en esta casa, los ingresos, los recursos económicos, las propiedades, la autoestima y el trabajo son cruciales para tu desarrollo personal. Con esta posición, deberás encontrar un trabajo que te permita brillar, ocupar espacio y alcanzar todo tu potencial. Tu identidad es un recurso que te ayuda a mantenerte. Uno de los mayores desafíos al que todas nos enfrentamos es encontrar formas de ganar dinero que no hagan daño al mundo o a nosotras mismas, pues el capitalismo prospera con la explotación de las personas y el planeta. Entender tu identidad a través de cómo decides enfrentarte a, alterar o reinventar el intercambio de trabajo y bienes puede ser un tema central en tu vida. El tipo de trabajo que hagas dependerá, en parte, de tu signo solar, pero, cualquiera que sea, es imprescindible que desarrolles tu potencial a través de cómo y dónde te ganas la vida. Que ganes mucho o poco dinero no tiene nada que ver. No significa que vayas o no a tener problemas manteniéndote. Sólo apunta al área de tu vida en que debes aprender a ocupar espacio a tu manera y, así, entender quién eres y cuál es tu potencial.

Preguntas de reflexión

- ¿En qué parte de tu trabajo te sientes capaz, confiada y con un propósito?

- ¿Qué características de tu signo tienes más ganas de expresar en cómo te ganas la vida?

- ¿Cómo vives y expresas una parte de tu propósito de vida a través de tu relación con tus posesiones, talentos y recursos?

SOL EN LA CASA III

La casa III representa la comunicación, los rituales diarios, el barrio, los hermanos, la familia extendida y los buenos amigos. Cuando estamos en movimiento, nos volvemos inestables y más propensas a las influencias del mundo exterior. Si tu Sol está en esta casa, lo más probable es que prosperes en tránsito o en espacios de transición. Aquí, tu Sol brilla en la vida cotidiana. Con el Sol en la casa III, tendrás que utilizar tu energía para comunicar, intercambiar y difundir ideas y, en general, estarás siempre ocupada. Las relaciones con tus hermanos, primos, familia extendida y amigos cercanos tendrán un rol clave en el desarrollo de tu propósito de vida. Eso no significa que esas relaciones vayan a ser fáciles, pero los problemas que presenten pueden definirte.

Como esta es también la casa del ritual, conocida tradicionalmente como el templo de la Diosa, que tu Sol esté en la casa III puede significar que tienes una afinidad innata con el ritual espiritual, los cultos a la Diosa, mitologías y religiones, o que la espiritualidad es una parte esencial de tu identidad.

📝 *Preguntas de reflexión*

- ¿Cuánto tiempo pasas al día en movimiento, sea física o mentalmente?

- ¿Te sientes más viva cuando tienes una gran variedad de cosas que hacer a diario?

- ¿Cuánto tiempo al día pasas leyendo, escribiendo o hablando con otras personas?

- ¿Cómo han afectado tu autopercepción tus relaciones con tus hermanos, familia extendida u otras personas?

SOL EN LA CASA IV

La casa IV es conocida como el inicio y el final de todas las cosas. Aquí se encuentran nuestras raíces y tradiciones. Es la casa de los padres, abuelos y antepasados.

Con el Sol en esta casa, tendrás que enfrentarte a una identidad profundamente anclada a tu historia familiar, sea ésta positiva o complicada. Esto no significa que te sientas parte de tu familia de origen o que estas relaciones te resulten sencillas, sino que hay una fuerte conexión entre tu desarrollo personal y el sistema familiar del que provienes. Quizá trabajes con tu familia, o en casa, o trabajes con otras familias. Con el Sol en la casa IV, es importante que busques y entiendas tus raíces y tu herencia. Puede ser también necesario que crees y construyas tus propios cimientos y hogar.

✍ Preguntas de reflexión

- ¿De qué formas te sientes, o te has sentido, cómoda o con una sensación de identidad y pertenencia por formar parte de tu familia?

- ¿Qué problemas familiares dificultan que te encuentres a ti misma?

- ¿Qué has aprendido sobre desprenderte lo suficiente de tus raíces como para establecer tu propia identidad? ¿Te es particularmente difícil hacer eso?

SOL EN LA CASA V

La casa V es el lugar del placer, el goce, la autoexpresión, los proyectos creativos, los hijos, el sexo, la sexualidad, la energía erótica y el romance. Si tu Sol está en esta casa, debes encontrar formas de brillar en estas áreas. Que tu Sol esté en un lugar conocido por el disfrute también puede provocar que pases gran parte de tu tiempo en la búsqueda del placer. Las demás personas pueden confiar en que rebajes la tensión, las diviertas y seas el alma de la fiesta. Parte de tu energía vital puede acabar distraída por conquistas románticas, juegos y cualquier cosa que te entretenga, pero lo que a otras personas les parece una distracción puede ser sencillamente tu forma de trabajar.

Preguntas de reflexión

- ¿Qué salidas tienes para tu energía creativa?

- ¿Usas una parte importante de tu energía para mejorar las vidas de los niños? ¿Eres, madre, padre o tutora de un niño o niños? En caso afirmativo, ¿es ése uno de los papeles que te definen?

- ¿Qué has aprendido de ti misma invirtiendo tu tiempo en proyectos creativos o divirtiéndote y disfrutando de la vida?

SOL EN LA CASA VI

La casa VI es la de la buena y mala salud, el trabajo, los empleados y los problemas que aparecen cuando nuestro ambiente laboral no está organizado con justicia. Que tu Sol esté en esta casa no significa necesariamente que vayas a enfermar o que, si lo haces, vaya a ser para siempre. Quizá simplemente estás dotada para abordar el dolor y el sufrimiento.

Si tu Sol está en esta casa, tendrás que aprender a encontrar ambientes laborales en los que puedas brillar en todo tu esplendor. Es muy probable que seas excelente en lo que haces y en cómo lo haces, así que encontrar los lugares y personas con los que mejor vayas a entenderte es clave. El Sol es una fuerza vital imprescindible y la casa VI es un lugar que a veces puede hacer un poco más difícil que su luz brille. Parte del descubrimiento de tu vitalidad y de tu propósito de vida puede tener que ver con enfrentarte, interrumpir y abordar todo lo que es sistemáticamente opresivo, especialmente en relación con el trabajo, el tráfico humano, el legado e historia de la esclavitud y las desigual-dades económicas.

✎ Preguntas de reflexión

- ¿De qué manera tu propósito de vida está relacionado con movi-mientos por la liberación, la justicia y la igualdad?

- ¿Te encuentras a menudo en un papel de apoyo en tu trabajo? ¿En qué momentos esto te empodera? ¿Cuándo te desempodera? ¿Te sobrecargas a menudo de trabajo?

- ¿Qué aprecias de tu cuerpo? ¿Qué es lo que más te frustra de él? ¿Cómo estás sanando tu relación con él?

SOL EN LA CASA VII

La casa VII es el lugar del matrimonio, las alianzas compro-metidas, y las relaciones de negocios. Que tu Sol esté aquí significa que algún aspecto de tu propósito de vida debe darse en una relación o en torno a las alianzas. Descubrirás que, sin importar cuán independiente seas, acercarte a las demás personas es la principal vía hacia la realización de todo tu potencial. Normalmente, cuando el Sol está en la casa VII, la vida se llena de alianzas estrechas de todo tipo.

Desde fuera, esto puede parecer divertido, pero a menudo es difícil cumplir tus sueños por ti misma.

📝 *Preguntas de reflexión*

- ¿Qué alianzas han sido importantes en el desarrollo de tu propósito de vida?

- ¿Qué opiniones recibes a menudo de la gente con la que te relacionas?

- ¿Te resulta difícil relacionarte con las demás personas? ¿Sientes que necesitas esas alianzas para realizarte en esta vida?

SOL EN LA CASA VIII

La casa VIII alberga la muerte, la herencia, la angustia mental, los recursos de los demás y la necesidad de compartir nuestra energía, tiempo, talento y medios con ellos. Que tu Sol esté en la casa que se ocupa del dolor psicológico derivado de la pérdida puede volverte profundamente consciente del sufrimiento, tanto del tuyo como del de otras personas. Psicólogas, especialistas del trauma, curanderas, *doulas* de la muerte, terapeutas del duelo, médiums y aquellas personas que ayudan a otras a cruzar las aguas de sus peores estados emocionales a menudo tienen algo significante en esta casa.

Con el Sol en la casa VIII, quizá has tenido pérdidas importantes en la vida, experiencias cercanas a la muerte, has sufrido enfermedades mentales o has sobrevivido a eventos que te han llevado al límite. Estas situaciones tienden a dar forma a tu destino y revelar su naturaleza, motivación y propósito.

Desde un punto de vista más práctico, con el Sol en esta casa, quizá descubres que tienes la habilidad de utilizar los medios, recursos y talentos de las demás personas para el beneficio de todas.

📝 Preguntas de reflexión

- ¿Estás dotada para tomar las habilidades o recursos de otras personas y transformarlos en algo que no podían hacer por sí mismas?

- ¿Te sientes especialmente cercana al sufrimiento, dolor y pérdida de las demás personas?

- ¿Está una parte importante de tu propósito de vida relacionada con crear y mantener espacios dedicados a la práctica curativa centrada en el trauma?

SOL EN LA CASA IX

En la astrología tradicional, la casa IX es conocida como la casa de Dios. Como el Sol era visto como Dios (y la Luna como Diosa, motivo por el que la casa III es su lugar de gozo), la casa IX es el lugar de gozo del Sol. Que tu Sol esté aquí le otorga una naturaleza y fuerza especiales. Ésta es la casa de la espiritualidad, la religión, la filosofía, la educación superior, las publicaciones, los viajes de larga distancia y los planes a largo plazo.

Con tu Sol en esta casa, quizá necesites encontrar formas

de expresarte a través de la exploración del mundo. Cualquier trabajo que te lleve a aventuras internacionales o te ponga en contacto con otras culturas y lugares geográficos forma parte de tu naturaleza. Dicho esto, sería un error pensar que el Sol aquí sólo anda en busca de la exploración física. También quiere viajar largo y tendido filosóficamente. Puedes tener las cualidades (si no el título) de guía espiritual, educadora, líder o editora.

✍ Preguntas de reflexión

- ¿Viajar te llena de energía? ¿Te ayuda a conectar con tu propósito de vida?

- ¿Fueron la religión o la espiritualidad un factor importante de tus años formativos? ¿Qué experiencias negativas has tenido con la religión? ¿Qué experiencias positivas has tenido en iglesias, templos, mezquitas u otros lugares de culto?

- ¿Te maravillas a menudo de tu capacidad para sintetizar conocimientos? Si es así, ¿qué estás enseñando o aprendiendo cuando te sientes más alineada con tu vocación?

SOL EN LA CASA X

La casa X es el lugar de la carrera profesional, los roles públicos, el protagonismo y la reputación. El Sol en esta casa debe mostrarse al mundo. Con tu Sol aquí, debes derramar tu luz en lugares y espacios donde vaya a ser vista. Aquí, no hay donde esconderse: todo es público y tu personalidad será utilizada como vehículo para tu profesión, o tu identidad estará ligada a los roles que ocupes en el mundo. Te sientas o no cómoda siendo el centro de atención, con tu Sol en la casa X tendrás que reconciliarte con ello porque, en un momento u otro, te verás propulsada al protagonismo o sentirás tu potencial frustrado por rechazarlo.

 Preguntas de reflexión

- ¿Qué posiciones públicas ocupas que te brinden un propósito?

- ¿Te seduce la idea de ser aclamada públicamente? ¿Has buscado alguna vez ese aplauso a costa de tu integridad?

- ¿Te encuentras a menudo en roles profesionales en los que tu personalidad es tan importante como el trabajo que haces?

SOL EN LA CASA XI

La casa XI ha sido tradicionalmente conocida como la casa del buen espíritu y está asociada con la fortuna derivada de la conexión con los demás. Esta casa es el lugar de los amigos, los grupos, las asociaciones, las aliadas, las comunidades y aquellas personas que comparten los mismos sueños y esperanzas que tú. Con tu Sol aquí, llegarás a tu destino en la vida con la ayuda de la gente a quien conoces. Los amigos, grupos y eventos sociales son muy importantes para ti. Cuánto más te acerques a la compañía de gente que piense como tú, más deprisa descubrirás y avanzarás en tu propósito de vida. Tu Sol en la casa XI revela que te esperan conexiones beneficiosas. Cuanto más busques objetivos comunes con los demás, más descubrirás que aquellas personas que pueden ayudarte a cumplirlos están dispuestas a hacerlo.

Preguntas de reflexión

- ¿Sientes que tu propósito de vida está, en parte, vinculado con tu conexión con tus comunidades, amigos y patrocinadores? ¿Cómo has tenido «golpes de suerte» conociendo a las personas correctas o estando en el lugar adecuado en el momento preciso?

- ¿Te sientes revitalizada al conectarte con quienes comparten la misma visión de futuro que tú?

- ¿Te cuesta pertenecer a un grupo, pero te das cuenta de que siempre te encuentras en uno o que son importantes para cumplir con tu propósito de vida?

SOL EN LA CASA XII

La casa XII alberga la pena, la autodestrucción, la pérdida, el encarcelamiento, la institucionalización, el inconsciente colectivo, la vida oculta, los secretos, el trabajo entre bambalinas y el hondo pozo de energía creativa del que sólo podemos beber cuando nos encontramos sanando nuestras heridas más profundas.

Aquí, tu Sol puede querer trabajar con aquellas personas que están o que han estado encarceladas, o que se encuentran en dificultades por culpa de algún tipo de enfermedad mental, emocional, espiritual o física. Con el Sol en la casa XII, es importante invertir tiempo en entender cómo funcionan el dolor y el sufrimiento. Estudiar qué ata a la humanidad a la pena también te llevará a desencadenar tu potencial creativo. El Sol en esta casa puede desarrollar un respeto profundo por la condición humana y por cómo podría alcanzar algún día su propia liberación. Aquí no existen soluciones rápidas, sólo un profundo proceso de metamorfosis puede transformar el plomo en oro en los calderos de nuestra alma. Éste es también el lugar de la carta que no puede ser visto, así que, con tu Sol aquí, puedes necesitar pasar mucho tiempo en soledad, en secreto o en los cuartos oscuros de la creación.

 Preguntas de reflexión

- ¿Tiendes a brillar en cuartos oscuros, estudios, incubadoras creativas o espacios de meditación? ¿Necesitas tiempo a solas en esos espacios para recargarte y acceder a tu energía creativa?

- ¿Una parte importante de tu trabajo en el mundo ha tenido que ver con enfermedades mentales, la pérdida y el sufrimiento de los demás?

- ¿Acostumbras a intuir fácilmente las necesidades de las demás personas, lo que se volverá relevante y lo que será popular?

RELACIONES CON OTROS PLANETAS
¿QUIÉN ESTÁ IMPACTANDO TU CAPACIDAD PARA BRILLAR?

¿Qué planetas forman un aspecto con tu Sol?

En astrología, como en la vida misma, las relaciones influyen en todo. Los aspectos son relaciones entre planetas. Algunos aspectos ayudarán a tu Sol a florecer cómodamente («las bendiciones»: sextiles y trígonos) y otros pondrán obstáculos importantes en tu camino hacia la autorrealización y la autoaceptación («los desafíos»: cuadraturas y oposiciones). A veces, todo dependerá de qué planetas estén involucrados (como en las conjunciones, llamadas «combinaciones»).

En muchos textos astrológicos, los aspectos son llamados *aspicere,* que significa «mirar», como los planetas que se observan entre sí. Si alguien nos observa, puede hablar de nosotros con los demás, para bien o para mal. ¿Qué puede implicar que nuestro Sol sea observado por su némesis astrológica? Saturno nos escudriñará, Venus verá lo mejor de nosotras, Marte descubrirá nuestras debilidades y Neptuno fantaseará con quiénes podríamos ser.

Los planetas en conjunción con el Sol se revelarán a través de la personalidad. Exigen combinarse con tu identidad. El Sol, el ego, no puede expresarse sin las significaciones de los planetas en conjunción con él, que pueden ser útiles o un desafío dependiendo de la naturaleza del planeta en cuestión. Marte y Saturno son un desafío, Venus y Júpiter te ayudarán, Mercurio acostumbra a ser neutral y Urano, Neptuno y Plutón son una caja de sorpresas.

Siguiendo con la carta natal de la doctora Angelou, vemos que su Sol está en conjunción con Júpiter, planeta del optimismo, la abundancia y la prosperidad, y con Urano, planeta de la innovación, la rebelión, la disrupción y el cambio.

Otra prueba de que la carta de la doctora Angelou tiene la marca astrológica del triunfo se encuentra en que su Sol está exaltado en su lugar de gozo y en conjunción con Júpiter, un planeta con la capacidad de ofrecer las bendiciones y la protección de la exuberancia, el optimismo, la sabiduría y la generosidad.

Cuando veo un planeta en una carta natal con tantas ventajas, tomo nota.

Claro está, correspondía a la doctora Angelou dar forma a esta marca de triunfo y convertirla en algo que fuese importante para ella. Y nosotras tenemos que hacer lo mismo. En todo caso, desde su nacimiento, es evidente que tenía acceso directo a las bendiciones que estaba destinada a repartir. En lugar de amargarse por sus circunstancias vitales, lo que hubiese sido absolutamente comprensible, la doctora Angelou se hizo artista, activista y educadora, y su obra obligó al supremacismo blanco a mirarse al espejo que reflejaba el origen del problema. Júpiter simboliza la superación de las dificultades a través de la fe en la propia capacidad de estar por encima de las fuerzas crueles y opresivas; esto se encuentra condensado en su famoso poema «Y aún así me levanto», una oda a su obra como artista y activista.

Su Sol también está situado a diez grados de una conjunción con Urano, el Despertador, el Radical, el Rebelde. Este aspecto se ve revelado con la implicación de la doctora Angelou en movimientos sociales y por los derechos civiles durante toda su vida. Siempre vivió mostrando su capacidad para cortar con la apatía, la injusticia y el dolor a base de mensajes directos y reflexivos y de trabajo duro y constante. Antes de convertirse en una escritora famosa, la doctora Angelou ya era artista y organizadora. Era la directora de la Conferencia Sur de Liderazgo Cristiano de Martin Luther King Jr., trabajó directamente con Malcolm X como la cofundadora de la Asociación Cultural de Mujeres de Herencia Africana y documentó la lucha anticolonial en su puesto como editora de *The Arab Observer* mientras vivía en El Cairo.

Sin embargo, la conjunción del Sol con Urano puede ser tan dañina como provechosa. Al ser tan disruptivo, sus arrebatos de inventiva pueden no ser apreciados hasta que hayamos aprendido cómo navegar sus excéntricos caminos. Esto explica los bandazos que dio la vida de la doctora Angelou y cuán poco convencional era como persona; también el caos en que se vio envuelta de niña mudándose varias veces entre la casa de su madre y la de su abuela.

 Ahora es el momento de elegir tu propia aventura. Revisa la lista de aspectos con tu Sol que anotaste en la página 41 y lee las secciones que se apliquen a ti. Después, avanza hasta las preguntas de reflexión al final del capítulo (página 99).

Bendiciones

SEXTILES

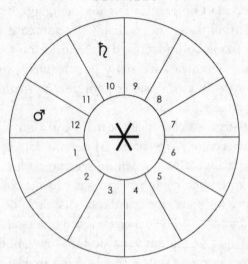

El sextil es un ángulo de 60° amigable y tranquilo, pero servicial y alentador[*]. Un sextil de tu Sol con cualquier planeta es beneficioso, incluso siendo discreto.

Un sextil de tu Sol con...

- **La Luna** creará una relación armoniosa entre el propósito de tu alma y tu manera de vivirlo.

---

[*]Venus nunca se encuentra a más de 48° del Sol y, por lo tanto, técnicamente no puede formar un sextil con él. Puede estar a dos signos de distancia del Sol, pero nunca estará a exactamente 60°. Por el mismo motivo, Venus tampoco puede formar un trígono, una cuadratura u oponerse al Sol. Mercurio no puede estar a más de 28° del Sol y, por lo tanto, tampoco puede formar un sextil, trígono, cuadratura u oposición con él.

- **Marte** infundirá a tu identidad de valor y energía. Generalmente, promoverá tu capacidad de encontrar tu camino en la vida sin amedrentarte ante lo que muchos temerían.

- **Júpiter** suscitará optimismo y fe en la vida. Este aspecto magnifica tu habilidad para crear oportunidades a través del entusiasmo y será una bendición para tu personalidad.

- **Saturno** te ayudará a mostrar tu autoridad, límites y disciplina de forma productiva. Con este aspecto tendrás la vibra de una jefa.

- **Urano** le dará un aire excéntrico a tu personalidad que te ayudará a ser vista, decir lo que piensas y, en general, diferenciarte con facilidad.

- **Neptuno** brindará un aire soñador, glamuroso e imaginativo a tu personalidad. Este aspecto puede promover tu habilidad para conectarte con los demás a través de la empatía.

- **Plutón** creará profundidad, intensidad y un poder innegable. Este aspecto puede ayudarte a conectar con gente influyente.

TRÍGONOS

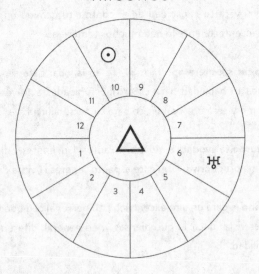

El trígono es un ángulo de 120° armonioso y servicial. Más fuertes que los sextiles, los trígonos pueden impactar la vida de una persona de maneras más determinantes. Los trígonos de tu Sol con cualquier planeta impulsarán tus talentos y bendiciones. A menudo damos por sentadas estas bendiciones, ya que nos han venido dadas. Cuando no hemos luchado para conseguir algo, subestimamos su valor. Sin embargo, si, cuando pasamos por un mal momento, nos centramos en los trígonos de nuestra carta natal y las bendiciones que nos han brindado, podremos volver a ponernos en marcha con mayor facilidad.

Un trígono de tu Sol con...

- **La Luna** creará una relación armoniosa entre el propósito de tu alma y tu manera de vivirlo.

- **Marte** hará que tomar riesgos y demostrar tu fuerza y coraje parezca fácil para el mundo exterior. Este aspecto te ayudará a cuidar y defender a quien más lo necesite.

- **Júpiter** te ayudará a mostrarte de forma efusiva, inspiradora y exuberante, creando tu propia suerte a través de tu fe en que todo saldrá bien. Éste es el trígono más fuerte que cualquier planeta pueda recibir; si tu Sol lo tiene con Júpiter, significa que disfrutarás de cierto tipo de protección y suerte.

- **Saturno** te brindará el regalo de la disciplina, la estructuración y la capacidad de lograr lo que te propongas. Este aspecto crea una identidad que prospera cuando alcanza sus objetivos.

- **Urano** puede crear una personalidad a la que no le cuesta romper con las tradiciones y que necesita experimentar con la autoexpresión.

- **Neptuno** otorgará una aguzada sensibilidad, una imaginación vívida y una actitud tranquila y relajada que los demás encontrarán magnética.

- **Plutón** creará profundidad, intensidad y poder. También podrá ayudarte a atraer a gente influyente.

Desafíos

CUADRATURAS

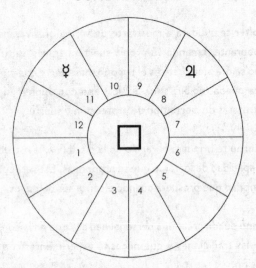

Las cuadraturas con nuestro Sol ocurren cuando tiene un planeta a 90° de distancia a su derecha o izquierda. Las cuadraturas causan tensión, irritación y movimiento. Pueden traer consigo malestar emocional, mental e incluso físico. Sin embargo, este malestar es dinámico y puede hacer que una persona tome medidas para aliviarlo.

Una cuadratura de tu Sol con...

- **La Luna** te dará el deseo de actuar. En general, la cuadratura del Sol y la Luna provocará una tensión interna que te servirá de motivación.

- **Marte** será un aspecto desafiante que puede dar lugar a violencia, ira y agresividad. No obstante, cuando haces las paces con él, puedes volverte una experta en trabajar en situaciones que otras personas están demasiado asustadas para enfrentar, o en canalizar tu energía en acciones valerosas.

- **Júpiter** generalmente escorará por el lado del optimismo y la exuberancia, pero puede exacerbar tu ego, imagen pública y confianza en tus talentos y habilidades.

- **Saturno** podrá sentirse como un obstáculo que disminuye tu fuerza vital. Las responsabilidades podrán resultarte engorrosas y las críticas exteriores o interiores podrían inhibir tu camino. Sin embargo, trabajar estos obstáculos sacará lo mejor de ti. Desarrollar una disciplina compasiva y dedicarte a construir una vida con sentido puede liberarte de las manifestaciones más opresivas de este aspecto.

- **Urano** podrá causar disrupciones tanto en ti como a través de ti y, a menudo, desafiará el *statu quo* (para bien o para mal). Esta firma creará una personalidad ofensiva u obstinada. Esto puede sentirse positivo, necesario y emocionante para ti y para las demás personas, pero también inquietante.

- **Neptuno** podrá llevarte al autoengaño y a difuminar tus límites, dificultándote ser consistente, centrada y realista. Sin embargo, trabajar con la sensibilidad y los talentos artísticos que a menudo acompañan a Neptuno puede ser una forma positiva de conectar con su energía sobrenatural y utilizarla.

- **Plutón** podrá enfrentarte a experiencias de pérdida de control, abuso y lucha por tu autonomía y poder propio. Este aspecto a menudo da forma a una naturaleza profunda e instrospectiva. Eres alguien que, si escoge sanar de sus experiencias plutonianas más desgarradoras, se siente cómoda trabajando en las profundidades de la psique y el alma. El tipo de poder personal que crea en ti es innegable.

OPOSICIONES

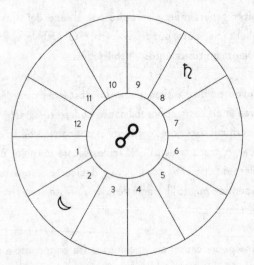

Una oposición a tu Sol ocurre cuando un planeta se encuentra en el signo opuesto a él. La oposición exacta se da cuando el planeta está a 180° de distancia. Las oposiciones nos desafían, nos obligan a enfrentarnos a las cosas y nos empujan a encontrar el equilibrio incluso en situaciones difíciles.

Una oposición a tu Sol con...

- **La Luna** significa que naciste justo antes, durante o justo después de una Luna llena. Debes expresar todo tu potencial en el mundo a través del desarrollo de alianzas importantes y de sinergias creativas.

- **Marte** puede hacer que sientas que has perdido tu poder, energía, motivación y ambición por culpa de experiencias física o psicológicamente dolorosas. Para equilibrar esto, debes aprender a gestionar tu propia ira, lidiar con el conflicto conscientemente y protegerte del daño siempre que sea posible.

- **Júpiter** puede crear una dinámica en la que te extralimites a menudo por medio de altibajos extremos. Al tratarse de Júpiter, que es naturalmente positivo, el obstáculo tiene menos que ver con enfrentarte a un desafío y más con los peligros del exceso.

- **Saturno** puede poner en marcha una dinámica donde sientas que estás enfrentada a una (o varias) figuras de autoridad, especialmente a una patriarcal. Encontrar la manera de reclamar tu autoridad a través de esfuerzos disciplinados y talento aplicado puede ayudarte a superar los sentimientos de incompetencia, vergüenza y autocrítica que a veces aparecen con esta oposición. Todos los aspectos difíciles de Saturno se vuelven más sencillos de trabajar con la edad, ya que este planeta exige madurez.

- **Urano** puede traer consigo experiencias vitales perturbadoras, crisis nerviosas, rupturas y eventos traumáticos, pero también descubrimientos con el potencial de cambiar el curso de tu vida. Debes integrar en tu personalidad algo emocionante, excéntrico o experimental.

- **Neptuno** puede desafiarte con experiencias cuyo resultado sea la pérdida de límites personales, energía y vitalidad. En consecuencia, es habitual que aparezcan ansiedad, depresión y desorientación, particularmente en tus primeros años. Éste es un aspecto que puede hacerte querer optar por el escapismo en lugar de por la responsabilidad, por la fantasía sobre la realidad y por ilusiones por encima de lo que tienes ante ti; todo como estrategia de afrontamiento. Integrar tus sensibilidades puede, a su vez, ayudarte a desarrollar talentos psíquicos o artísticos, una comprensión del dolor de los demás y una aguda consciencia de la interconexión de todas las cosas.

- **Plutón** te conecta con la fuente de un poder que puede parecerte abrumador. Al ser Plutón el dios del inframundo, nos cuenta lo que ocurre lejos de los ojos del público. Crimen, abuso de poder y secretismo son temas a los que se enfrentará una persona con su Sol opuesto a Plutón. Puedes ser tú quien tenga esas experiencias, te veas empujada a investigar los tabúes o te enfrentes a varias situaciones extremas en la vida. Debes aprender a trabajar tus obsesiones y tu deseo de controlar la vida y, en su lugar, canalizar tu energía en un trabajo que sientas profundo, catártico y transformador.

Combinaciones

CONJUNCIONES

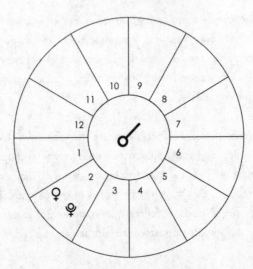

Un planeta está en conjunción con tu Sol cuando se encuentran en un mismo signo; esto resulta en una mezcla de sus energías. Éstas pueden ser positivas o negativas según el planeta en cuestión.

Tu Sol en conjunción con...

- **La Luna** significa que naciste justo antes, durante o después de una Luna nueva. Esta posición te hace actuar por instinto y te hará sentir como si ya lo hubieses hecho todo antes (si naciste justo antes de una Luna nueva, cuando la Luna estaba en un grado anterior al Sol) o como si fuese tu primera vez en todo (si tu Luna estaba exactamente en el mismo grado o en uno posterior al Sol). Ambas posiciones deben confiar en sus respuestas intuitivas ante la vida.

- **Mercurio** es común porque no puede estar a más de 28° del Sol. Esta combinación puede crear una conexión clara y consistente entre tu sentido del «yo» y el estilo en que te comunicas con el mundo.

- **Venus** es increíblemente útil para el Sol. Le brinda una agradable simpatía, encanto y facilidades para trabajar con energías eróticas y creativas. Esto se multiplica si el Sol y Venus están en Tauro, Libra, Piscis o Leo.

- **Marte** puede ser difícil de integrar para el Sol, igual que Saturno. Los atributos positivos de Marte son el valor, la vitalidad, el impulso y la energía. Sus cualidades más difíciles están relacionadas con la ira, la violencia y las heridas, tanto psicológicas como físicas. Si tu Sol está en conjunción con Marte, uno de los obstáculos principales a los que te enfrentarás para vivir tu propósito es el aceptar que parte de él consiste en ser polémica. Si puedes aprender a canalizar tu competitividad hacia algo útil, llegarás lejos. Ésta es una posición más tranquila para quienes tengan el Sol y a Marte en Aries, Escorpio y Capricornio.

- **Júpiter** es increíblemente útil para el Sol. El entusiamo de alguien con Júpiter en conjunción con el Sol es casi imposible de apagar. Tu personalidad está infundida de optimismo, vitalidad, exuberancia y positividad y eres, además, filosófica, viendo siempre el mundo en su totalidad. Estos rasgos se ven pronunciados con el Sol en Sagitario, Piscis, Cáncer, Leo o Aries.

- **Saturno** significa que tu carácter puede tender hacia el pesimismo. La inclinación de este planeta por verlo todo negro puede convertirse en las nubes de tormenta que oculten el deseo del Sol de brillar valiente y radiantemente. Sin embargo, también te concede la capacidad de evaluar con honestidad y franqueza una situación. Es importante que encuentres un trabajo en el que volcarte que te aporte sentido. Saturno tiende a ser injustamente severo y, con esta combinación, puedes tener que aprender a no ser tan dura contigo misma; si no, nada será nunca lo suficientemente bueno. Y eso te incluye a ti. Esta combinación normalmente significa que debes enfriar tus juicios con compasión por ti y por los demás. Esto se vuelve más fácil con los años, a medida que encuentres tu camino hacia el dominio de ti misma y la autosuficiencia. También resulta más fácil en Capricornio, Acuario y Libra.

- **Urano** puede dar pie a una personalidad emocionante, impredecible, errática, innovadora y excéntrica. Dado que este planeta pasa siete años en un signo, quien nazca con el Sol en él tendrá este aspecto. Es por eso que sólo considero que es un aspecto dominante de la personalidad y la vida si el Sol y Urano se encuentran a menos de 10° de separación dentro del mismo signo.

- **Neptuno**, si se encuentra a menos de 10° del Sol, puede provocar la pérdida de la identidad, ya que este planeta dispersa todo lo que toca. Al ser increíblemente poroso, puedes sentir una sobreidentificación con otras personas (o ellas contigo) y la necesidad de trabajar en tus límites personales. Tienes una increíble sensibilidad que debe ser canalizada hacia un trabajo, o proyectos, que te ayuden a conectar con algo que sientas más grande que tú misma. La espiritualidad y la adicción, la recuperación, la sanación, la fantasía, el arte y los sueños pueden formar parte de tu propósito de vida.

- **Plutón**, si se encuentra a menos de 10° del Sol, crea una personalidad intensa y controladora. Cuando, llegado el momento, esta combinación aprende a transformar las dificultades en combustible, se vuelve imparable. Puede que necesites investigar varios aspectos de tu vida relacionados con el inframundo. Acumular recursos puede convertirse en una obsesión si confundes fuerza interior con riqueza exterior.

📝 *Preguntas de reflexión*

- ¿Qué planetas están ayudando a tu Sol a brillar? ¿Sientes sus dones? ¿Alguna vez has infravalorado o has dado por sentadas estas bendiciones? ¿Qué puedes hacer para aprovechar al máximo estas facilidades en tu carta natal y vivir todo tu potencial?

- ¿Qué planetas impiden o desafían la capacidad de tu Sol para brillar? ¿Sientes que este conocimiento de tu carta valida tu experiencia? ¿Qué puedes hacer para entender estos desafíos como oportunidades de crecimiento en lugar de como obstáculos insalvables?

- ¿Qué has aprendido de tu Sol que debas aceptar radicalmente para vivir tu propósito de vida?

IV

TU LUNA

Tus necesidades físicas y emocionales

La Luna siempre ha sido una misteriosa y evocadora fuente de inspiración para la humanidad. La segunda luz más brillante del firmamento. Nuestra siempre cambiante guía nocturna. Astrológicamente, simboliza nuestras necesidades, deseos y ansias. Representa nuestras emociones mutables, nuestro cuerpo y el de la persona que nos dio la vida, cómo nuestros cuidadores se ocuparon de nosotras y las historias de nuestro pasado y linaje.

Como la luna en el cielo, la Luna de nuestra carta refleja la luz de nuestro Sol, nuestro propósito de vida. Nos dice cómo vivimos ese propósito en el mundo físico. Evoca nuestras vivencias diarias que manifiestan nuestra naturaleza espiritual. Es el reflejo de la experiencia de nuestra alma en el cuerpo.

Desafortunadamente, entender esto sin juicios de valor puede ser complicado porque vivimos en una sociedad que nos

juzga por nuestros cuerpos. Al estar insertas en el supremacismo blanco y en la cultura gordófoba, capacitista, misógina,
cisnormativa, tránsfoba y clasista que ésta crea, a menudo nos
incitan a degradar nuestro cuerpo. El capitalismo se beneficia
de este rechazo, convenciéndonos para invertir nuestra energía vital y dinero en comprar productos para cambiarnos.

Aprender sobre nuestra Luna puede ayudarnos a dar sentido a algunas de las experiencias más difíciles que tenemos
con nuestro cuerpo. Quizá, incluso nos ayude a desarrollar
un aprecio más profundo por él.

Como con el Sol, hay tres factores principales de tu Luna
que debes considerar a medida que desentrañes las condiciones físicas y emocionales que necesitas para vivir tu propósito de vida:

1 . El signo en que se encuentra (cómo cumplir con tus necesidades
físicas y emocionales).

2 . La casa en que se encuentra (dónde cumplir con tus necesidades
físicas y emocionales).

3 . Qué otros planes hablan con tu Luna (quién influye en tu capacidad para cumplir con tus necesidades físicas y emocionales).

En cuanto tenemos edad para satisfacer nuestras propias
necesidades, depende de nosotras encontrar el alimento que
ansiamos. La Luna nos dice qué necesitamos y cómo lo necesitamos. Este conocimiento puede ayudarnos a aceptar radicalmente quiénes somos y a cuidar mejor de nosotras mismas.
Si tu Luna está en un signo de aire, ansiará conexión, conversación, relaciones (románticas o de otro tipo) y estímulo
intelectual. Si está en un signo de tierra, necesitará construir

algo sólido, trabajar de formas que produzcan resultados tangibles y disfrutar de comodidades físicas y materiales. En los signos de agua, la Luna requiere alimento emocional, llorar, tener un lugar para expresar sus sentimientos y crear conexiones emocionales. En un signo de fuego, le harán falta acción, aventura e intercambios apasionados a diario.

Puntos clave a tener en mente sobre tu Luna:

- Tu Luna representa tus necesidades físicas y emocionales, tu historia, tu relación con la crianza y ser criada y tu vínculo con tus padres o tu cuidador principal. La Luna es el cuerpo que alberga el alma mientras vive su propósito.

- La Luna en tu carta habla de tu experiencia física diaria.

- Es a través de la Luna que desentrañamos a diario nuestro propósito de vida.

- El signo en que está tu Luna, la casa en la que se encuentra y los aspectos que forma con otros planetas te darán información importante sobre cómo te gusta pasar el tiempo, qué actividades debes hacer a menudo y cuál es la mejor manera de cuidar de ti misma a diario.

TU SIGNO LUNAR
¿CÓMO CUMPLES CON TUS NECESIDADES FÍSICAS Y EMOCIONALES?

¿En qué signo se encuentra tu Luna?

El signo en que se encuentre tu Luna te dirá con qué estilo muestras tus emociones, cumples con tus necesidades, creas

COMPRUEBA TU CARTA NATAL

ENCUENTRA TU LUNA

Busca este símbolo ☾ *en tu carta natal.*
Ésta es tu Luna.

¿En qué signo se encuentra tu Luna?

Mi Luna se encuentra en el signo de _____.

¿En qué casa se encuentra tu Luna?

Mi Luna se encuentra en la casa_____**de** _____.

ASPECTOS CON TU LUNA

En cuanto descargues tu carta natal en www.ChaniNicholas
.com, podrás ver qué planetas tienen un aspecto con tu Luna. Re-
cuerda, quizá no hay ningún planeta relacionado con ella. De mo-
mento, no te preocupes por lo que significan los distintos aspectos.
Limítate a anotarlos y más adelante exploraremos su significado.
Rellena aquí abajo los espacios en blanco que te correspondan.

Los planetas en el mismo signo que mi Luna son _____.

Los planetas que forman un trígono con mi Luna (cuatro signos/
120° de separación) son _____.

Los planetas que forman un sextil con mi Luna (dos signos/60° de
separación) son _____.

Los planetas que forman una cuadratura con mi Luna (tres signos/
90° de separación) son _____.

Los planetas que están en el signo opuesto a mi Luna son

_____.

conexiones y vives tu día a día. También apunta a la experiencia que hayas tenido con tus padres o cuidadores. Incluso si hay propiedades psicológicas asociadas a cada signo en que pueda encontrarse la Luna, es importante recordar que ésta no tiene la misma fuerza en cada signo. Algunos signos son más difíciles para ella, algunos son neutrales y otros le ofrecen mucha comodidad.

La Luna de Frida Kahlo estaba en Tauro, el signo de su exaltación. Ahí, la Luna necesita construir algo duradero, bien hecho y sensualmente placentero. Al tenerla en un signo que la favorecía, sabemos que tenía la capacidad de cumplir con su propósito de vida con cierta confianza y reconocimiento.

Como signo gobernado por Venus, Tauro es conocido por disfrutar de la joyería. A Venus le encanta adornarse. El signo fijo de tierra es un amante de las rocas, los cristales y todas las piedras vistosas que lo ayudan a asentarse. A menudo cargada de enormes anillos, collares (Tauro rige sobre la garganta) y pendientes, Kahlo vivía claramente su Luna en Tauro (con un estilo apropiado para su Ascendente Leo). Kahlo utilizaba la ropa y las joyas para articular, explorar y recordarle al mundo su herencia tanto indígena como colonial, mezclando a menudo piezas representativas de ambas culturas. Además, el cuerpo de Kahlo (la Luna) y lo que le ocurrió fue a menudo el objeto de su obra y a veces incluso su lienzo. Como la Luna también representa el hogar, el hecho de que el suyo se haya convertido en un museo para su arte parece adecuado para una Luna en Tauro a la que le gustan las cosas hechas para durar.

 Ahora es el momento de elegir tu propia aventura. Salta hasta la sección que hable de tu signo lunar.

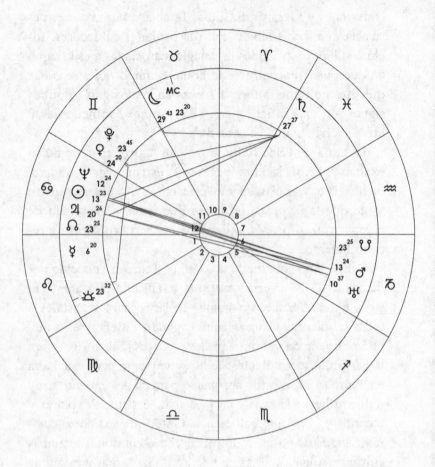

LA CARTA NATAL DE
FRIDA KAHLO

Fecha y hora de nacimiento: 6 de julio de 1907 a las 08:30.

Lugar: Coyoacán, Ciudad de México, México.

LUNA EN ARIES

♈ ☾

En Aries, el signo cardinal de fuego, la Luna se orienta a la acción. Probablemente, incluso tu día a día sea una aventura. Entrar en acción puede ser una forma de cuidado personal. Tomar la iniciativa puede ayudarte a sentirte segura en el mundo. Enfrentarte a desafíos es necesario para sentirte enérgica y viva.

Con esta posición, tu independencia y libertad son imprescindibles para centrarte emocionalmente, aunque cuánta necesites puede variar mucho en base al resto de tu carta natal. La liberación regular del exceso de tensión puede ser importante para tu bienestar emocional. Tus emociones pueden inflamarse, pero no para siempre, pues Aries cambia con facilidad.

Con esta posición, es habitual haber tenido un padre o cuidador temperamental, independiente o valiente. Una persona cuya identidad no dependía de los demás y que te empujaba a ser como ella, o una persona que parecía demasiado fogosa para acercarte a ella como te hubiese hecho falta.

👁 Afirmaciones

- Honro mi necesidad de independencia.

- Honro mi necesidad de competir con la mejor versión de mí misma.

📝 Preguntas de reflexión

- ¿Son la aventura y la toma de riesgos una parte de cómo llevas a cabo tu propósito de vida?

- ¿Qué has aprendido de tus padres o cuidadores sobre canalizar, expresar o trabajar con la ira? ¿Qué has aprendido sobre la independencia? ¿Qué has querido hacer siempre, o has acabado haciendo, por ti misma?

- ¿En qué contexto la competitividad te pone en situaciones emocionalmente complicadas o te empuja a tomar más distancia de la que quisieras? ¿Esto acostumbra a salir de ti o de los demás? ¿En qué contexto la competitividad te resulta sana y te inspira a ser la mejor versión de ti misma?

LUNA EN TAURO

♉ ☾

La Luna está exaltada en Tauro, lo que significa que aquí es más fuerte y puede hacer mejor su trabajo: criar, crear vínculos, concebir y dar a luz (literal y metafóricamente). En este signo, la Luna necesita comodidades estables y confiables. Tauro tiene que construir, y la Luna es buena haciendo eso con las relaciones, en casa y con todo lo que evoque una sensación de seguridad. Tauro no es un signo que se preocupe por lo abstracto; le gusta la literalidad. Aquí, la Luna necesita placeres sensuales en los que volcarse en momentos de inseguridad e inestabilidad emocional.

Como todo planeta exaltado, la Luna en Tauro te ayudará a ser reconocida por tu habilidad para manifestar tus talentos en el plano físico. Aquí, la Luna es tremendamente robusta y se encuentra en terreno sólido y fértil. Los planetas exaltados tenderán a ser el centro de atención por su capacidad para cumplir con su deber. Aquí, este planeta es productivo, generoso y generativo; una Luna en la que otros pueden confiar, en la que pueden apoyarse y en la que pueden buscar sustento. Aunque se sienta halagada, tiene que aprender a no ser el abrevadero de todos los corazones hambrientos.

Cuando se encuentra en un signo gobernado por Venus (Tauro y Libra), la Luna sabe crear conexiones. En Tauro, esto ocurre a través del desarrollo lento pero seguro del compañerismo. La Luna en Tauro siempre es de fiar.

Puedes haber tenido un padre o cuidador fuerte, robusto, tenaz o controlador. Alguien famoso o infame por derecho propio. Alguien que ponía la seguridad y la consistencia por encima de todo.

👁 Afirmaciones

- Honro mi necesidad de estabilidad, seguridad y consistencia, pero me empujo a tomar riesgos calculados.

- Sé que mi fuerza es algo que tranquiliza a los demás, pero eso no significa que deba dar más de lo que tengo.

📝 Preguntas de reflexión

- ¿Te dicen a menudo que eres la red de apoyo de otras personas? Si es así, ¿es a veces a tu costa? ¿Tener los pies en la tierra o parecer fuerte hace que los demás no te pregunten qué necesitas?

- ¿Tuviste un padre especialmente centrado, fiable o tenaz? ¿De qué forma has adaptado o heredado estos rasgos? ¿Cuáles te van bien? ¿Cuáles te limitan? ¿Por qué?

- ¿Tiendes a necesitar construir algo, trabajar regularmente en algo, o centrarte en algo tangible cuando te sientes insegura o perdida? ¿Forma eso parte de cómo vives tu propósito de vida? ¿En qué estás trabajando ahora mismo que sientas alineado con tu Luna en Tauro?

LUNA EN GÉMINIS

♊ ☾

La Luna en Géminis necesita comunicar, procesar e intercambiar los datos e ideas que acumula sin parar. Siente la necesidad de acceder a distintas fuentes de información, de hacer preguntas, de aprender, de moverse y de transgredir fronteras intelectuales.

La Luna en Géminis crea seguridad y una sensación de pertenencia a través de la conversación. Se calma con el aprendizaje (la faceta más introvertida de Géminis) o comunicando (su lado más extrovertido) y necesita nutrirse tanto de la intuición como de la lógica. Para encontrar el equilibrio, te hacen falta experiencias tanto introvertidas como extrovertidas, pero es posible que te sientas obligada a estar constantemente rodeada de gente para sentirte segura.

Con tu Luna en Géminis, es posible que hayas tenido un padre o cuidador más intelectualmente expresivo que cariñoso, física o emocionalmente. Es posible que fuese carismático, inteligente, hablador, inconsistente o poco fiable.

👁 *Afirmaciones*

- Honro mi necesidad de tener una amplia variedad de relaciones.

- Honro mi necesidad de entender intelectualmente mis emociones sin disociarme de ellas.

Preguntas de reflexión

- ¿Sientes que, cuando estás indecisa, insegura o inestable en algún sentido, aprender algo o tener una buena conversación te ayuda a centrarte? Si es así, ¿qué tipo de información te deja más tranquila?

- ¿Necesitas explorar a menudo varias posibilidades, relaciones e intereses para sentir que tus necesidades quedan cubiertas? ¿Cómo se relaciona esto con tu niñez o tu crianza? ¿Forma esto parte de cómo vives tu propósito de vida?

- ¿Era uno de tus padres particularmente curioso, intelectual, sociable o engañoso? ¿Cómo te ha condicionado eso?

LUNA EN CÁNCER

Cáncer es el signo de la Luna y, en él, se dedica a alimentar a las masas. Aquí, es fuerte, extrema en sus representaciones y con un poder innegable. La Luna en este signo necesita alimentar a otros tanto como ellos necesitan su sustento. Para sentirse segura en el mundo, desarrolla vínculos emocionales, muchas veces tan estrechos como los de sangre. Se siente segura cuando conecta con los demás. Pero esto tiene un precio: la Luna puede perderse en su papel de cuidadora, olvidando que sus propias necesidades son tan importantes como las de los demás.

Al ser extremadamente sensible, empática e intuitiva, percibes, y probablemente interiorizas, las emociones en bruto de los demás. Tu salvavidas será aprender a liberar la energía ajena que hayas absorbido.

El mal humor es a menudo la señal de que has rebasado tus límites emocionales. Para regularte, puedes necesitar un lugar seguro al que llamar hogar, un caparazón en el que refugiarte y un santuario en el que purificarte del residuo del sufrimiento humano.

Como la Luna está en su lugar de poder, puedes experimentar facilidades o abundancia en el plano material, que serán mayores o menores según la casa en la que se encuentre. Como ésta es, además, una posición dominante, también puedes sentir que resuenas más con tu Luna que con tu Sol. Los temas generalmente relacionados con la Luna (alimentar, cuidar, preocuparse, relacionarse, escribir y viajar por el mundo) pueden destacar en tu vida.

Con esta posición, es habitual haber tenido un padre o cuidador extremadamente implicado, tranquilizador o emocionalmente agobiante. Una Luna en Cáncer puede indicar que una de estas figuras fue muy dominante durante tu desarrollo. Esto podría decirse de cualquier cuidador, pero, con tu Luna en Cáncer, puedes sentirte particularmente conectada con las lecciones y enseñanzas que te proporcionaron.

👁 Afirmaciones

- Mis necesidades son tan válidas como las de cualquier otra persona, así que me ocupo cuidadosamente de mi «yo» espiritual, intelectual y físico.

- Me está permitido superar mi pasado.

Preguntas de reflexión

- ¿En qué aspecto de tu vida tienes más confianza en ti misma o más talento natural? Fíjate en la siguiente sección si esto tiene alguna relación con la casa de tu Luna.

- ¿Cómo tiendes a cuidar de los demás? ¿Forma esto parte de cómo vives tu propósito de vida?

- ¿Fue alguno de tus padres una figura especialmente fuerte en tu vida? Si es así, ¿de qué forma fueron importantes en tu desarrollo? ¿De qué manera fueron sus necesidades emocionales abrumadoras para ti?

LUNA EN LEO

♌ ☾

Tu Luna en Leo necesita atención, alabanzas, apreciación y reconocimiento en su vida y experiencias diarias. Necesita expresarse creativamente y entrar en acción inspirada. En tus primeros años, puede costarte regular tu propia autoestima sin público, pero es imprescindible que aprendas cómo apreciarte y alabarte tú misma.

Tu Luna en Leo necesita brillar, así que parte de tu proceso de aprendizaje consiste en encontrar el mejor escenario para tu estrella. Esta Luna es especial por naturaleza, lo que atrae a mucha gente, pero no toda celebración es buena para el alma. Si, de pequeña, te humillaron o te hicieron sentir que sólo buscabas atención, quizá has desarrollado una relación complicada con ella, atrayéndola inconscientemente y sintiéndote insegura de su significado cuando la recibes.

También puedes sentirte culpable o incómoda cuando recibes alabanzas, pues no es algo sobre lo que tengas control, pero aun así lo necesitas. Hay quien, con esta posición, se vuelve adicta a la sensación y al estímulo emocional de la alabanza. Se te puede dar bien atraer la atención, pero sin ella puedes sentirte perdida.

Vives tu día a día con aire confiado. Incluso cuando no sientes esa confianza, gran parte del tiempo te muestras con mucha fuerza emocional. Sin embargo, es importante que te alejes de vez en cuando de tu audiencia para asegurarte de que sigues siendo fiel a ti misma.

Tus padres o cuidadores pueden haber sido emocionantes, glamurosos, célebres, controladores, ególatras o egocéntricos. Quizá debes reclamar tu independencia de la aplastante personalidad de tu padre o cuidador, especialmente si tenía un temperamento fogoso que se manifestaba con una creatividad inspiradora y de manera demasiado ardiente para acercarte.

👁 Afirmaciones

- Necesito alabanzas, pero primero debo buscar aprobarme a mí misma.

- Merezco amor y atención sin importar quién esté mirando.

📝 Preguntas de reflexión

- ¿Eres alguien con un talento natural para hacer reír, relajar o captar la atención de los demás? ¿Cómo te sientes cuando eso ocurre?

- ¿Estás abierta naturalmente a liderar y brillar en las posiciones que ocupas? ¿Forma eso parte de cómo vives tu propósito de vida?

- ¿Fue uno de tus padres o cuidadores especialmente dramático, glamuroso o necesitado de cumplidos? Si es así, ¿cómo te hacía sentir?

LUNA EN VIRGO

En general, la Luna se siente bien en Virgo. Cómoda en el frescor de este signo de tierra, se dedica a cultivar vida y nutrir a otras personas. Crea seguridad y un sentimiento de pertenencia trabajando duro, aprendiendo, desarrollando sus habilidades, siendo útil, procesando información y analizando datos. Para regularse emocionalmente, Virgo necesita limpiar, despejar, organizar, purificar y hacer que todo funcione correctamente. Poner algo de orden en su mente, cuerpo u hogar puede hacer maravillas por el sistema nervioso de la Luna en Virgo. También necesita rituales; pueden o no ser regulares, pero el proceso de refinar cualquier cosa actúa como un bálsamo para estas almas.

Como esta Luna es dada a la crítica, cuando su energía está dirigida contra sí misma o contra la gente de su alrededor, los resultados pueden ser desastrosos. Un Virgo distorsionado destruirá cualquier cosa para encontrar una solución y acabará con las manos vacías excepto por sentimientos heridos y nervios irritados.

Quizá te obsesiones con encontrar la perfección, negándote el derecho y la belleza de ser humana. El trabajo de tu vida será aprender cómo canalizar esta energía hacia el desarrollo de habilidades y la creación de rituales que te despojen de la autocrítica. Como Virgo armoniza con facilidad con lo que no funciona, tu Luna está especialmente dotada para entender los ritmos, sistemas y maneras en que la sanación ocurre naturalmente.

Quizá tuviste un padre o cuidador interesado por la salud, versado en artes curativas, introvertido, muy crítico o incapaz de aceptarse a sí mismo. Si este último es el caso, deberías analizar cómo ha impactado ello en tu percepción de ti misma.

👁 *Afirmaciones*

- Puedo cometer errores, aprender y volver a intentarlo.

- Mis emociones no tienen por qué ser comprensibles para ser válidas.

🖋 *Preguntas de reflexión*

- ¿Acostumbras a intentar arreglarte, adaptarte o cambiarte en algún sentido cuando algo fuera de ti no funciona? ¿Tuviste un padre que, en tus primeros años, fuese crítico contigo? ¿Hubo otros que te hiciesen sentir que tenías que adaptarte para evitar sus críticas?

- ¿Qué dones posees para entender plantas, formas naturales de sanación, modalidades curativas o formas alternativas para purificar la mente, el cuerpo o el sistema emocional?

- ¿Qué te aportan tus dones para editar, eliminar, organizar, escribir y comunicar? ¿Forma esto parte de cómo vives tu propósito de vida?

LUNA EN LIBRA

♎ ☾

La Luna en Libra necesita crear belleza, traer paz o participar diariamente en la búsqueda de la justicia. Cuando las cosas no están en equilibrio, esta Luna es intensamente consciente de ello. Siente profundamente la discordia de la injusticia. Una parte de su estrategia para reconfortarse consiste en recuperar la armonía de las cosas. Sea a través de colores, sonidos, texturas, palabras o relaciones, esta Luna tiene el temperamento emocional de una mediadora.

Eres especialista en establecer conexiones, hacer que los demás se sientan atendidos y entregarte a quienes te necesitan. Tus necesidades se ven cubiertas, en parte, cuando gustas. Sin embargo, cuando tus necesidades emocionales dependen de crear alianzas con los demás, puedes sentir mucha ansiedad al enfrentarte al inevitable y necesario conflicto. Puedes ser tan sensible ante las desavenencias que hagas todo tipo de malabares para evitarlas.

Tener dificultades a la hora de confrontar a tus seres queridos forma parte de la normalidad de esta Luna. También lo es sentirte incómoda al verte obligada a escoger entre dos opciones, personas o platos principales en una cena. Acordarte de priorizar tus necesidades por encima de todo debería ser un ejercicio diario.

Es posible que tuvieses un padre o cuidador al que le costase enfrentarse al conflicto, demasiado preocupado por las apariencias o extremadamente simpático y sociable. Por el contrario, puedes haber tenido que aprender a ser complaciente para compensar su falta de tacto.

👁 *Afirmaciones*

- Los desacuerdos forman parte del proceso de paz.

- Me centro en mis necesidades para poder ser una mejor compañera para la gente en mi vida.

📝 *Preguntas de reflexión*

- ¿Qué te ayuda a recordar que el conflicto forma parte de la vida?

- ¿En qué faceta de tu vida practicas diariamente la búsqueda de la justicia? ¿En qué faceta buscas diariamente crear belleza? ¿Forma esto parte de cómo vives tu propósito de vida?

- ¿Tuviste un padre o cuidador que sufriese aversión al conflicto, que te enseñara a ser «buena» o «agradable» o que tuviese mucho tacto y fuese de trato fácil?

LUNA EN ESCORPIO

♏ ☽

La Luna busca comodidad, estabilidad y seguridad. Le gusta estar en un signo que facilite una sensación de equilibrio y paz. Quiere sentar cabeza ahí y celebrar lo mundano. Escorpio bosteza ante tanta simplicidad.

En el intenso, extremo y resiliente signo de Escorpio, la Luna está en caída. Eso no significa que la vida vaya a ser difícil de por sí, pero te verás llamada a profundizar en ti misma y transformar tu dolor en resolución.

En este signo, la Luna revela el propósito del alma de maneras que pueden evocar emociones intensas, estableciendo vínculos profundos, transformadores y, a veces, posesivos (lo seas tú u otros) con los demás. Si está distorsionada, esta Luna puede obsesionarse con mantener el control en lugar de encontrar formas de procesar las emociones difíciles para permitir nuevas experiencias.

Tienes la capacidad de atravesar las dificultades, trabajar tu intensidad emocional y enfrentarte a situaciones extremas con más comodidad que la mayoría de gente. Entiendes de forma natural todo tipo de abusos, infortunios y dificultades, lo que te da una increíble profundidad, sensibilidad y resistencia emocional.

Esta Luna puede representar un padre emocionalmente poderoso, autoritario, manipulador, con una fuerte voluntad, resiliente, ingenioso, magnético o una combinación de todo lo anterior. Como Escorpio tiene que ver con la muerte, la pérdida y la transformación, a veces, tener la Luna en este signo significa que no sólo te enfrentarás a estos problemas en tu niñez, sino que también formarán parte de tus intereses profesionales o de las materias que domines.

👁 *Afirmaciones*

- Mi profundidad emocional es un recurso que puede enseñarme a ser compasiva con los demás.

- Honro mi intensidad; es una fuente de energía creativa que puedo canalizar de miles de formas distintas.

✍ *Preguntas de reflexión*

- ¿Qué te ayuda a procesar tus emociones más intensas? ¿Cómo te impide tu necesidad de mantener el control hacer eso?

- ¿Las experiencias emocionalmente intensas forman parte de cómo vives tu propósito de vida?

- ¿Tuviste un padre o cuidador que pasase por momentos especialmente duros, que fuese deshonrado o al que se le faltase el respeto de alguna forma?

LUNA EN SAGITARIO

♐ ☾

La Luna en Sagitario busca lo que necesita con bravuconería. Cuida de sí misma entrando en acción. Se alimenta persiguiendo la verdad.

Esta Luna necesita aventura. La tranquilizan el viaje, los saltos de fe, las nuevas ideas, el estudio de la filosofía y cualquier cosa que la ayude a expandirse, sentirse viva y en movimiento.

Tu optimismo te hace resiliente. Sobrevives buscando lo mejor de cada persona, lugar o situación. Conectas con los demás a través de la positividad y necesitas sentir que estás creciendo y te estás desarrollando cada día.

Si tu Luna está en Sagitario, funcionarás bien cuando te permitas guiarte por tu inspiración, tus percepciones y tu intuición. Tus respuestas emocionales pueden ser extremas y puedes sentir la necesidad de salir disparada en una dirección antes de entender sus consecuencias, especialmente si intentas huir de algo.

Puedes haber tenido un padre o cuidador que fuese académico, viajero, aventurero o un espíritu libre. Puedes haberlo sentido demasiado distraído por cosas más grandes que tú para interesarse en tus necesidades cuando eras niña. Tener tu Luna en Sagitario puede apuntar a veces a padres o cuidadores con posiciones ideológicas o religiosas extremas.

👁 Afirmaciones

- Amplío mis posibilidades cada vez que escucho a mi intuición.

- Creo en la abundancia de mi vida.

📝 Preguntas de reflexión

- Para regularte emocionalmente, ¿te ayuda viajar, aprender y hacer cosas espontáneas? ¿Forma esto parte de cómo vives tu propósito de vida?

- ¿Te sientes segura cuando también te sientes libre? ¿Qué significa para ti «sentirte libre»? ¿Cuándo te sientes injustamente limitada o atada?

- ¿Alguno de tus padres o cuidadores parecía imponente, saber mucho o necesitar mucha libertad? ¿Cómo interpretabas esto de niña?

LUNA EN CAPRICORNIO

♄ ☾

Aquí, la Luna crea seguridad y confianza cumpliendo tareas, escalando nuevas cimas y probándose como un miembro responsable, confiable y productivo de la sociedad.

Las Lunas en Capricornio tienden a cumplir con su deber antes de ocuparse de sí mismas, pero, como en cualquier otra posición, pueden aprender a hacer las cosas de otra manera. Para crear seguridad en su vida, trabajarán más duro de lo que se espera de ellas, esforzándose de forma consistente hasta sentirse agotadas (aunque su resistencia puede ser legendaria).

Extremadamente autosuficientes, las Lunas en Capricornio se sienten seguras cuando tienen el control de su situación. Austero y diligente, este signo gobernado por Saturno puede utilizar el sacrificio como mecanismo de afrontamiento y, en ciertos casos, como forma de cuidar de sí mismo. Puedes renunciar a lo que necesitas para sentirte bien. El autocontrol puede ser tentador, pero debes encontrar el equilibrio por medio de un entendimiento profundo de lo que necesitas concederte a ti misma.

Puedes tener dificultades para encontrar conexiones que se sientan fáciles. Quizá te atraviese un sentimiento de falta, particularmente durante tus primeros años. Las comodidades físicas y emocionales pueden sentirse insatisfactorias o inexistentes. Como la Luna es quien rige el cuerpo físico, es posible que se te dificulte estar en tu cuerpo, conectar con él o alimentarlo.

Los límites son importantes para tu Luna. Desde un punto de vista emocional, quizá haya partes de ti que poca o ninguna persona conozca, pero quienes lo hagan serán sagrados. Con una consciencia aguda de las nefastas y lúgubres realidades de la vida, puedes tener un increíble sentido del humor y gestionar asuntos emocionales dolorosos y delicados de maneras muy prácticas.

Puedes haber tenido un padre o cuidador con una carga de responsabilidad o tradición demasiado pesada para ser capaz de cuidar de ti. El trabajo de la Luna en Capricornio es entender dónde pasó hambre para poder reparar el daño y llenar cualquiera que fuese el vacío en su niñez. Tengas padres o cuidadores que fuesen responsables, confiables y triunfadores, o demasiado alejados de su propia vida emocional para ser capaces de entender la tuya, debes aprender a reemplazar las ataduras por comodidad, signifique lo que signifique eso para ti.

👁 *Afirmaciones*

- Me comprometo a ser buena conmigo misma.

- Me paro a reponerme siempre que me siento vacía.

📝 *Preguntas de reflexión*

- ¿Qué te da culpa pedir a los demás? ¿Experimentaste este sentimiento en tu niñez o con una figura paterna o de autoridad? ¿Cómo puedes ayudarte a sanar esto?

- ¿Ser pragmática y estar enfocada a cumplir tareas son temas centrales de tu vida?

- ¿Estuvo uno de tus padres o cuidadores demasiado cargado de responsabilidades o incapacitado a la hora de cumplir con tus necesidades emocionales? ¿Qué sentido le diste a esto?

LUNA EN ACUARIO

La Luna en Acuario necesita su espacio. Aquí, ésta se alimenta del aprendizaje, la comunicación y la comprensión de los sistemas en que vivimos: cómo funcionan y cuál es la mejor manera de innovar en ellos.

Esta Luna necesita ser entendida y desafiada intelectualmente para sentirse emocionalmente segura. Al crear seguridad a través del desapego, la Luna en este signo debe encontrar conclusiones lógicas a los problemas del corazón, aunque la lógica sea difícil de alcanzar cuando se entremezcla con la emotividad. Esta Luna necesita tomar distancia si pretende entenderse a sí misma (junto a las soluciones que necesita) algún día. Esta posición puede dar pie a una increíble cabezonería, dificultando fluir con las mareas y corrientes de la vida emocional. Hay quien pensará que eres emocionalmente distante, pero nadie debería confundir el estilo de tu Luna con apatía. Las emociones están ahí, aunque muy por debajo de la superficie. Las emociones no son hechos, pero te llevarán a encontrar tu verdad.

La Luna en Acuario quiere encontrar soluciones que convengan a todos los involucrados y, a menudo, dejará congeladas sus necesidades con tal de obtener un semblante de igualdad; pero nada puede ser justo cuando te fuerzas a negar tus propios sentimientos. Tu trabajo consiste en aprender a crear espacio para tu propia experiencia emocional y valorar tu cuerpo, corazón y alma tanto como tu mente e intelecto.

Puedes haber tenido un padre o cuidador inteligente, emocionalmente reservado, frío o necesitado de que las cosas fueran de una cierta manera.

👁 Afirmaciones

- Estoy abierta a la sabiduría que llega cuando soy capaz de pararme a reflexionar sobre cómo me siento.

- Me doy el espacio que necesito.

📝 Preguntas de reflexión

- ¿Acostumbras a alejar a los demás cuando estás desbordada por tus sentimientos?

- ¿Sientes que, en parte, vives tu propósito de vida a través de tu capacidad para manifestar tus talentos intelectuales?

- ¿Fue uno de tus padres o cuidadores conocido por su inteligencia o distancia emocional? ¿Qué sentido le diste a eso? ¿Qué te enseñó sobre trabajar las emociones complicadas?

LUNA EN PISCIS

♓ ☾

Tu Luna en Piscis quiere ayudarte a vivir tu propósito de vida aplicando a tu día a día el poder de tu imaginación, sensibilidad, creatividad y compasión. Tu Luna infundirá lo mundano con una sensibilidad fantástica o profundamente empática; lo que será, en parte, la forma en que cubrirás tus necesidades emocionales y te sentirás segura. La Luna en Piscis puede querer unirse a los demás o huir de ellos cuando la situación se complica. Esto puede frustrar a quienes se hayan sentido entendidos por tu actitud comprensiva.

Aquí, tu Luna quiere reflejar a los demás sus propios sentimientos y belleza, pero retrocede ante cualquier atadura que intente coartar su libertad. A este pez se le da bien nadar, pero no tanto quedarse quieto.

Con esta posición, a menudo es demasiado tentador escapar de los límites de lo cotidiano. Tu Luna podrá prosperar en ambientes que propicien su intuición, sensibilidad, imaginación y creatividad.

Para protegerte, puede que necesites distraerte, tomar distancia o irte cuando la gente menos se lo espera. La música, el movimiento, el arte, la creatividad y cualquier empeño o trabajo de sanación te ayudarán a canalizar tu Luna en Piscis. También puede que necesites manifestar tus talentos de varias formas distintas a lo largo del día. Piscis siempre quiere un bufé de oportunidades y placeres. Esta Luna quiere esto y más a diario.

Increíblemente empática y en sintonía con el sufrimiento ajeno, puedes perderte en el dolor del mundo a tu alrededor. Esta Luna puede ser como un bálsamo curativo para muchas personas, pero a menudo a su costa. Tus límites son el mejor atributo que reforzar. Para poder ayudar a las demás personas, necesitas saber dónde empiezas y dónde terminas.

Puedes haber tenido un padre o cuidador extremadamente creativo, sensible y cariñoso, o bien emocionalmente dependiente de ti e inclinado al martirio. En tu infancia, también puede haber habido padres o cuidadores con problemas de adicción o de salud mental.

👁 Afirmaciones

- Honro mis límites dando lo que me sobra y quedándome con lo que necesito.

- Puedo sintonizarme con el dolor de los demás y, al mismo tiempo, sacarlo de mí.

📝 *Preguntas de reflexión*

- ¿Qué te ayuda a mantenerte centrada y a no perderte cuando la gente a tu alrededor sufre?

- ¿Cómo te sirve tu sensibilidad para vivir tu propósito de vida?

- ¿Tuvo uno de tus padres o cuidadores problemas de adicción o de salud mental? O, por el contrario, ¿mostraron un gran don para ser creativos e intuitivos con las necesidades de los demás?

LA CASA DE TU LUNA
¿DÓNDE CUBRES TUS NECESIDADES FÍSICAS Y EMOCIONALES?

¿En qué casa se encuentra tu Luna?

La casa en que se encuentra tu Luna es donde está cómoda, donde se alimenta y donde debes conectar de forma significativa con tu propósito de vida. Esta casa es una de las áreas de tu vida que debes entender, en la que debes vivir conscientemente y con la que debes desarrollar una relación. Tal como la Luna refleja a tus padres y cuidadores, la casa en la que está puede representar algo relacionado con tu infancia, con la persona que te dio la vida y con tu linaje.

Con una Luna exaltada en Tauro en la casa X de la carrera y los roles públicos, Frida Kahlo tenía uno de sus planetas clave a su disposición para ayudarla profesionalmente. Posicionada para trabajar en el área de su vida en la que fuese a ser más visible, su Luna exaltada en la casa X la ayudó a hacerse un hueco en el mundo por sí misma a pesar de todo lo que tenía en contra. Con disponer de un solo planeta exaltado es suficiente para bendecir la casa en la que se encuentra y revelar fácilmente sus significantes. La manera en que Frida Kahlo debía vivir su propósito y encontrar bienestar físico y emocional (la Luna) era a través de construir y asegurar (Tauro) un corpus de trabajo que se convirtiera en un monumento y homenaje a su vida (la casa X). Como mencioné anteriormente, la casa de Frida Kahlo fue tanto el sitio en que creó la mayoría de su arte como el lugar que se ha convertido en un museo en su honor. El dolor y la belleza de su existencia física (la Luna) fue el tema más habitual de su obra, y su carrera fue un aspecto de su vida que le brindó cierto consuelo y mucho éxito.

 Ahora es el momento de elegir tu propia aventura. Salta hasta la sección que hable de la casa en que se encuentra tu Luna.

LUNA EN LA CASA I

La casa I es la de la identidad, el ego, el cuerpo, la apariencia, la vitalidad, el carácter y la fuerza espiritual. Al ser una de las casas más prominentes de la carta astral, que tu Luna esté en ella la convierte en un planeta muy activo en tu vida.

Esta posición puede elevar tus sensibilidades, haciendo de ti una cuidadora innata. Alimentar a otras personas física, emocional y espiritualmente será probablemente instintivo para ti. Aquí, la Luna puede dar forma a una personalidad que muestra a las demás personas su propio reflejo. Esto puede ser una experiencia tanto intensa como tranquilizadora, dependiendo del signo en que esté la Luna, pero es, en todo caso, tentadora.

La Luna en la casa I está en un intercambio constante con la gente a su alrededor, pues quiere dar y recibir información. Muy sensible a las condiciones ambientales, aquí la Luna es impresionable, temperamental y mutable. Tener la Luna en esta casa significa que parte de cómo desentrañes tu propósito de vida será a través del desarrollo personal.

📝 *Preguntas de reflexión*

- ¿Eres alguien que muestra abiertamente sus emociones?

- ¿Te dice a menudo la gente que se siente reflejada, vista o confrontada por ti?

- ¿Tiendes a centrarte en tu apariencia cuando te sientes malhumorada, incómoda o insegura?

LUNA EN LA CASA II

La casa II es la del sustento, los activos, los recursos móviles, la autoestima y la confianza en una misma.

Tener la Luna en esta casa significa que debes desarrollar y vivir parte de tu propósito de vida entendiendo cómo trabajar correctamente con tus recursos, activos interiores y exteriores, dinero, propiedades y problemas de amor propio.

Aquí, la Luna quiere crear seguridad a través del desarrollo y la conservación de sus recursos. Puedes darte cuenta de que necesitas acceder a comodidades materiales (o implicarte en su desarrollo) para sentirte lo suficientemente segura y confiada como para prosperar. Tu trabajo puede tener que ver con la fertilidad o la infertilidad, la concepción, las mujeres, personas de género no binario o de presentación femenina, con el cuidado o la alimentación de otros, la crianza, la Diosa, con escribir o comunicar.

Preguntas de reflexión

- ¿Qué papel juega el desarrollo de tus recursos en tu propósito de vida?

- ¿Qué relación tenían tus padres con el dinero durante tu infancia? ¿Cuál es tu primer recuerdo relacionado con el dinero?

- ¿Tiene tu trabajo que ver con el cuerpo, la salud reproductiva, el cuidado, el culto a la Diosa o la escritura? Si es así, ¿qué sientes que se te da particularmente bien en estas áreas? ¿Cuándo te diste cuenta de ello por primera vez?

LUNA EN LA CASA III

La casa III es la de los hermanos, la familia extendida, la comunicación, los rituales diarios, los planes a corto plazo, los viajes locales y los vecinos. También es conocida como el templo de la Luna o de la Diosa. Esta casa es el lugar de gozo de la Luna, haciendo que ésta sea especialmente poderosa en ella. Aquí, la Luna te ayuda a conectar con mucha gente, ideas, conversaciones, rituales y prácticas o sentimientos espirituales. Esta posición quiere que vivas tu propósito de vida escribiendo, enseñando, aprendiendo o trabajando con prácticas adivinatorias.

El movimiento puede ser un aspecto importante de tu propósito de vida, con la enseñanza, la circulación de información y el cuidado y la alimentación de otras personas como parte de tu rutina diaria. Puedes necesitar muchos estímulos mentales, información y datos, especialmente cuando te sientas insegura o inestable. También puedes tener una relación importante con hermanos, familia extendida y amigos cercanos con quienes te unen vínculos tan estrechos como los de sangre.

Preguntas de reflexión

- ¿Vives tu propósito de vida a través de lo que escribes, dices o enseñas?

- ¿Qué papel tienen en tu vida tus hermanos, primos, familia extendida y buenos amigos?

- ¿Haces o hiciste de cuidadora o madre para un hermano?

LUNA EN LA CASA IV

La casa IV es la del hogar, la familia, los cuidadores, padres y abuelos. Son los cimientos de nuestras vidas, el principio y el final de todas las cosas.

Con tu Luna en esta casa, debes vivir tu propósito de vida construyendo sus cimientos. La familia de la que procedes puede o no ser un refugio para ti, pero crear un lugar así es de vital importancia. Como tanto a tu Luna como a la casa IV les interesa, y están orientadas hacia nuestra historia y el pasado, puedes ser particularmente hábil estudiando o entendiendo genealogías, mitos fundadores e historias. Cuando la Luna está en la casa IV, a menudo significa que tendrás interés en trabajar con familias, en los hogares de la gente, en el sector inmobiliario o en el mundo de lo doméstico en general.

Preguntas de reflexión

- ¿Cómo influye estar con tu familia (escogida o no) en tu bienestar? ¿Qué aspecto de tu vida tiende a ir mucho mejor cuando te sientes conectada con un grupo de gente que percibes como familia?

- ¿Tu linaje es algo que estudies, con lo que intentes desarrollar una relación o con lo que te sientas conectada? ¿Cómo se manifiesta eso en tu vida, trabajo o relaciones? ¿Cómo encaja, o cómo podría encajar, el estudio de tu linaje con tu propósito de vida?

- ¿Qué parte de tu trabajo tiene que ver con familia, ambientes domésticos, alojamientos o está relacionado con los cimientos simbólicos o literales de la vida? ¿Qué se te da naturalmente bien en este trabajo?

LUNA EN LA CASA V

La casa V es la de los niños, la creatividad, la diversión, el tiempo libre, la sexualidad y la energía erótica. Con tu Luna aquí, debes vivir tu propósito de vida en algún aspecto de estos ámbitos. Dado que tanto la Luna como la casa V tienen una relación tan fuerte con la concepción, la reproducción, la educación sexual y el proceso de dar a luz, cualquier cosa que tenga que ver con estas facetas de la vida puede ser parte de tu naturaleza, o puede ser especialmente complicada, importante y definidora para ti.

Sin embargo, la reproducción humana no es el único tipo de creatividad por la que se interesa la casa V. Con esta posición, el proceso creativo, la energía creativa, las aventuras amorosas, el placer o el ocio son también centrales para vivir tu propósito de vida. Las disciplinas creativas pueden ayudarte a encontrar ese propósito y a canalizar tus sentimientos y emociones.

Esta posición a veces refleja haber tenido un padre o cuidador influyente en la vida de los niños o centrado en cualquiera del resto de significados de la casa V, incluidos el arte, el placer o la expresión creativa.

📝 Preguntas de reflexión

- ¿De qué manera son la energía creativa y su expresión aspectos clave para el desarrollo y el cumplimiento de tu propósito de vida? ¿Qué ocurre cuando tienes dónde dirigir tu energía creativa? ¿Qué ocurre cuando no lo tienes?

- ¿De qué manera son importantes para tu propósito de vida la salud reproductiva o la educación sexual? ¿A qué talento te permite acceder el trabajar con niños o jóvenes? ¿Qué te ayuda a completar o entender de ti misma el hacer de padre, madre, cuidador o mentor para los niños en tu vida?

- ¿Qué necesitas hacer, crear o trabajar cuando te sientes insegura, inestable o desconectada de tu vida?

LUNA EN LA CASA VI

La casa VI es la del trabajo y los problemas de salud. Cuando luchamos contra una enfermedad o sufrimos dolores crónicos, no disponemos de la misma energía ni tenemos la misma capacidad para hacer lo que queremos cuando queremos. El malestar físico exige que la vida sea vivida de cierta forma, una que el mundo acostumbra a hacer todavía más complicada. Con tu Luna en esta casa, puedes sufrir o ser sensible a problemas relacionados con la accesibilidad, el daño, la enfermedad y el sufrimiento físico.

La casa VI también es la del trabajo, los hábitos laborales y las herramientas que tenemos para cumplir con nuestro deber (que pueden implicar ganado o animales pequeños, haciendo que esta sea también la casa de las mascotas). Que tu Luna esté aquí puede referirse a tu experiencia o conocimiento de la injusticia económica y el desequilibrio sistémico de poderes en el lugar de trabajo. La casa VI representa las situaciones sobre las que no tenemos el control. Esto no es bueno o malo en sí mismo, pero la falta de una autonomía completa es un tema recurrente aquí.

Sin embargo, casas como esta pueden enseñarnos lecciones invaluables. No tener el acceso a los recursos que hacen la vida fácil o accesible es una experiencia central para gran parte de la gente del planeta. En la casa VI, aprendemos cómo aceptar los aspectos de la vida sobre los que no tenemos poder y redirigir nuestra energía hacia donde sí que tenemos influencia. Estar abiertas a la verdad de nuestras vidas significa ser intensamente conscientes de su precariedad.

Si tu Luna está en la casa VI, parte de tu propósito de vida debe ser vivido a través de proyectos laborales en general. La Luna en esta casa puede calmarse con un trabajo bien hecho, siendo útil, cuidando de mascotas o animales, resolviendo problemas de salud, aprendiendo distintos tipos de sanación o entendiendo la enfermedad y sus causas.

Que tu Luna esté aquí significa que puedes haberte visto afectada por los problemas de salud de un padre, cuidador o miembro de tu familia. Esta posición también puede querer cuidar de aquellos con o para los que trabajas. Puedes hacer un trabajo basado en el cuidado, en el mundo doméstico, en casa de la gente, desde casa o en un oficio que amerite trabajo o inteligencia emocional.

Al ser ésta la casa asociada tradicionalmente con la esclavitud, un trabajo que desentrañe su historia e impacto, o que aborde el tráfico humano, los derechos de los trabajadores y condiciones laborales justas, también puede formar parte de tu experiencia vital.

✍️ Preguntas de reflexión

- ¿Trabajas con o encuentras sentido sirviendo a aquellos que viven con enfermedades, sean o no crónicas? ¿Trabajas de formas que promueven la sanación y el cuidado de aquellos que sufren? ¿Está relacionada alguna parte de tu trabajo con los derechos de los trabajadores, el tráfico humano o el impacto histórico o moderno de la esclavitud? Si es así, ¿qué se te da naturalmente bien de este trabajo? ¿Qué te llevó a él? ¿Qué te mantiene ahí? ¿Qué consecuencias ha tenido sobre tu salud mental, emocional y espiritual?

- ¿Vives alguna parte importante de tu propósito de vida a través del trabajo? ¿En qué te ayuda tu trabajo a facilitarte las cosas?

- ¿Tuvo uno de tus padres o cuidadores algún problema físico o que trabajar en exceso durante tu niñez? ¿Qué te enseñó o te hizo entender esa experiencia?

LUNA EN LA CASA VII

En la casa VII de las relaciones comprometidas, sean románticas, platónicas o profesionales, la Luna te ayuda a desentrañar tu propósito de vida conectando con los demás. Te darás cuenta de que tus experiencias más importantes y definidoras han ocurrido a través de relaciones íntimas o asociaciones de negocios. Esta posición puede hacer que te espejes en tus relaciones y asentar en ti el reflejo (según el signo en que se encuentre tu Luna) de imitar a las personas con las que estás o de entregarte en exceso a ellas. Es de vital importancia que desarrolles tus límites emocionales.

Con esta posición, aquellos con los que formes vínculos estrechos o con quienes decidas comprometerte pueden guiarte hacia experiencias fundamentales para explorarte, comprenderte y desarrollarte.

Preguntas de reflexión

- ¿Tiendes a buscar tu propósito, dirección o sentido de vida en tus relaciones? ¿Buscas consuelo en tus relaciones más estrechas cuando te sientes perdida, insegura o aislada? ¿Hay casos en los que eso implica que mantengas relaciones que no son del todo buenas para ti? ¿Qué te ayuda a abandonar relaciones que no funcionan?

- ¿Sientes que muchos de los eventos más importantes de tu vida han llegado por medio de tus parejas o relaciones? ¿Cuáles han tenido más impacto?

- ¿Se perdían a menudo tus padres o cuidadores en sus relaciones? ¿Qué impacto tuvo eso en que cubrieran tus necesidades?

LUNA EN LA CASA VIII

Con la Luna en la casa VIII, el lugar de la colaboración y del dinero, activos y recursos de los demás, debes vivir tu propósito de vida aprendiendo a compartir recursos, dar lo que tienes, recibir lo que necesitas y trabajar con otras personas. Si tienes una herencia de cualquier tipo, lo que hagas con ella o cómo te impacte también será importante para tu propósito de vida.

La Luna en esta casa puede entender el proceso de la muerte y todo lo que tenga que ver con el viaje del alma tras dejar el cuerpo. La pena, la pérdida y la angustia mental que pueden derivarse de la naturaleza temporal de la vida también se encuentran aquí. Esta posición puede tener mucha experiencia con problemas de salud mental y ser experta en trabajar con personas que los sufren o que están atravesando momentos dolorosos. Con tu Luna en la casa VIII, puedes haber tenido un padre que padeció de enfermedades mentales o que trabajó en este campo, o haber sufrido una pérdida importante que marcó tu infancia.

La Luna en esta casa puede necesitar enfrentarse a situaciones emocionalmente difíciles y pasar a menudo por experiencias catárticas. También es posible que estés conectada con almas que han dejado su cuerpo. Médiums, videntes y aquellas personas que están en contacto con el mundo espiritual tienen a menudo fuertes influencias de la casa VIII.

📝 *Preguntas de reflexión*

- ¿Son tus colaboraciones una parte importante de cómo vives tu propósito de vida?

- ¿Qué sientes que comprendes del dolor y del proceso de duelo?

- ¿A qué eres sensible en relación con los problemas de salud mental, la pérdida y la sanación de la mente? ¿Con qué han tenido problemas tú o tus padres o cuidadores en relación con la salud mental? ¿Cómo te ha ayudado la terapia u otro trabajo de sanación a enfrentarte a estos problemas? ¿Te ha revelado el proceso algo sobre tu propósito de vida?

LUNA EN LA CASA IX

Si tu Luna está en la casa IX, tendrás que vivir tu propósito de vida a través de la enseñanza, los viajes, las publicaciones, la filosofía, el activismo, la espiritualidad, la religión o la educación superior. Puedes alimentarte o encontrar consuelo en tradiciones de conocimiento y a través de la búsqueda de cosas que se sientan lejanas, aventureras y emocionantes. En esta casa, la Luna necesita experimentar lo desconocido, encontrarse en situaciones que expandan su mente fuera de su zona de confort y donde se le exija que vea la vida a través de otros lentes.

Puedes ser una profesora muy implicada o tener maestros que sientes como padres o que tienen un rol paternal, ambos tan complicados como deseables. Eres una estudiante por naturaleza con talento para absorber ideas e intuir respuestas y tienes buena mano para utilizar tu mente para prácticas adivinatorias.

Con la Luna en la casa IX, cuando te sientas insegura o inestable, necesitarás moverte, estudiar, trabajar con profesores, trabajar como editora o enseñar a otros.

📝 Preguntas de reflexión

- ¿Tiendes a intentar distribuir o absorber información cuando no te sientes segura de ti misma? ¿En qué tradiciones de conocimiento te apoyas cuando te sientes descentrada? ¿Te ayuda viajar o enseñar a sentirte conectada con tu propósito de vida? ¿Qué tienen ambas cosas que te hagan sentirte así?

- ¿Es la edición, en cualquiera de sus manifestaciones, central en tu vida diaria? ¿Cómo te sientes cuando liberas información al mundo, a un grupo de gente o como parte de tu trabajo?

- ¿Fue la religión o la espiritualidad una parte importante de tu infancia o relevante para un cuidador o padre? ¿Fue ésta una experiencia positiva, negativa o neutral? ¿Qué rol tiene en tu vida ahora?

LUNA EN LA CASA X

Si tu Luna está en la casa X, vivirás tu propósito de vida a través de tu carrera, estatus social y reputación. Esta Luna quiere obtener reconocimiento social para sentirse segura y quiere ser reconocida por «el pueblo», alcanzando sus objetivos para calmarse a sí misma. Como resultado, las personas con la Luna en esta casa a veces buscan fama, o la encuentran, sin necesitar tanto esfuerzo como otros.

Esta Luna es capaz de leer o intuir las necesidades y deseos de los demás. La Luna en la casa X puede tener una afinidad innata para trabajar con el cuerpo, el nacimiento y la concepción, o alimentando física, emocional o espiritualmente. Tradicionalmente, esta posición estaba ligada con el trabajo con el agua y todo lo que pertenecía a masas de agua.

Con la Luna en esta casa, trabajar será tu manera de cuidar de ti misma, cosa que puede ser complicada cuando necesites descansar. Puede que tengas que lograr algo en tu vida profesional como forma de regularte emocionalmente y, muy probablemente, también tengas que vigilar las formas en que tiendes a darte de más al mundo.

✒ *Preguntas de reflexión*

- Cuando te sientes inestable, insegura o decaída, ¿tiendes a trabajar para cumplir con objetivos que te brindarán éxito y reconocimiento? ¿Cuándo es esto contraproducente, agotador o difícil de gestionar físicamente?

- ¿Te resulta fácil que reconozcan tu esfuerzo? ¿Hablan otros a menudo de la atención que recibes? ¿Qué tienden a mencionar estos comentarios? ¿Es habitual que los demás envidien tus logros? Si es así, ¿cómo gestionas eso?

- ¿Es uno de tus padres o cuidadores conocido o famoso en algún sentido? ¿Sentiste de niña que eran extraordinarios? ¿Qué impacto tuvo esto en tu sentido del «yo»?

LUNA EN LA CASA XI

Si tu Luna está en la casa XI de la comunidad y la buena fortuna, parte de cómo vives tu propósito de vida será a través de las conexiones que has creado con amigos, grupos y, probablemente, a través del activismo en el que te implicas con ellos. En la casa de la buena fortuna, la Luna alimenta a las demás personas y, haciéndolo, crea su propia suerte. Si construyes junto a aquellas personas que comparten los mismos sueños e ilusiones para el futuro que tú, algunos de ellos pueden hacerse realidad.

Tu Luna se siente segura en ambientes sociales, trabajando en grupo y en eventos en que puede hacer contactos. Lo más probable es que tengas un fuerte deseo de ejecutar una visión junto a personas que piensen como tú. Ahí es donde prosperas. Priorizar tu necesidad de estar en comunidad te brindará mucha alegría.

📝 *Preguntas de reflexión*

- ¿Te nutres de pasar tiempo con o dedicarte a las comunidades y grupos a los que perteneces? ¿Sientes que tus conexiones con las demás personas te han llevado a menudo a eventos importantes en tu vida? ¿Es esto algo que ocurre de forma natural o lo propicias conscientemente? Si es así, ¿cómo es que lo haces? Y, si no es así, ¿cómo podrías hacerlo?

- ¿Organizar la comunidad te conecta con tu propósito de vida? ¿Cómo se manifiesta esto ahora mismo? ¿Cómo te gustaría que lo hiciera?

- ¿Algún padre o cuidador se conectaba con el mundo a través de sus grupos o relaciones, tenía las amistades como componente clave de su identidad o tenía dificultades en situaciones grupales? ¿Cómo te impactó eso?

LUNA EN LA CASA XII

La casa XII representa lo que está oculto a la vista, lo que es secreto y desconocido para nuestra consciencia. Aquellos con la Luna aquí pueden verse atraídos por desentrañar los secretos de la familia, la cultura y la sociedad. Con la Luna en la casa de los proyectos ocultos, parte de cómo vives tu propósito de vida puede ser llevando a cabo trabajo entre bambalinas y proyectos a puerta cerrada, estando en estudios, en cuartos oscuros o en lugares de aislamiento que también te sirvan de incubadoras creativas.

Esta Luna puede necesitar tiempo a solas para procesar sus emociones. Tu sistema de cuidado personal puede requerir que te retires y cargues energías.

Dado que esta parte de la carta natal también se refiere a las penas, la pérdida, el autosabotaje, la autodestrucción y a todos los aspectos de nosotras mismas que tendemos a querer olvidar, rechazar o esconder, la Luna en esta casa se relaciona con nuestra experiencia con el sufrimiento. Esto puede ser una herencia de un padre o cuidador, un símbolo de su lucha, o del linaje familiar.

Aunque suene paradójico, el autosabotaje puede ser una estrategia común de supervivencia, pero, llegado cierto punto, la Luna en la casa XII debe encontrar maneras de sanar de su pasado para ser capaz de acceder a la increíble riqueza creativa que bloquea el dolor ignorado.

Esta casa es la parte de la carta que se ocupa del encarcelamiento, el aislamiento y las instituciones, todas cosas que pueden formar parte de tu experiencia directa o de la de tus padres o cuidadores. Puedes tener la habilidad de acceder a lugares donde otras personas están encarceladas, encerradas o desterradas de la sociedad y hacer un trabajo importante con ellas.

📝 Preguntas de reflexión

- ¿Qué papel tienen las incubadoras creativas, los cuartos oscuros, los estudios y los lugares de soledad en cómo vives tu propósito de vida?

- ¿Estás cómoda, o tienes talento para trabajar con aquellas personas que han sufrido grandes pérdidas?

- ¿Tienes un padre o cuidador que tenga problemas de salud mental, haya trabajado o estado en una institución psiquiátrica o trabaje con aquellas personas que han sido tratadas injustamente por los sistemas en que viven? Si no es así, ¿se refiere esto más bien a ti?

RELACIONES CON OTROS PLANETAS
¿QUIÉN ESTÁ IMPACTANDO TU CAPACIDAD PARA CUMPLIR CON TUS NECESIDADES FÍSICAS Y EMOCIONALES?

¿Qué planetas forman un aspecto con tu Luna?

De la misma forma en que hay planetas relacionados con tu Sol, también puede haber planetas relacionados (con un aspecto) con tu Luna. Estos aspectos también pertenecen a las mismas categorías que ya hemos explorado (bendiciones, desafíos y combinaciones). La misma teoría se aplica a todos los planetas. Los sextiles y los trígonos son bendiciones útiles que, cuando forman un aspecto con la Luna, pueden ayudarte a crear abundancia física, sentirte cómoda o cultivar tus gracias. Las cuadraturas y oposiciones son desafíos que pueden inhibir tu acceso a la seguridad material y emocional, al menos en algún momento de tu vida. Las conjunciones (combinaciones) pueden ser una cosa u otra según el planeta en cuestión.

La Luna exaltada en Tauro en la casa X de Frida Kahlo formaba un sextil con su Júpiter (planeta de la abundancia) exaltado en Cáncer en la casa XII. Como la Luna rige Cáncer y está, por lo tanto, a cargo de este Júpiter, existe una afinidad especial entre ellos que se ve intensificada porque tienen un aspecto útil entre sí (el sextil). Aunque la casa XII es un lugar a menudo asociado con grandes dificultades y aislamiento, su Luna en Tauro fue capaz de traer y traducir estas experiencias de la casa XII a la casa X de la carrera profesional. Su capacidad de expresar su sufrimiento personal, su pérdida y sus experiencias de aislamiento en su arte le valieron grandes reconocimientos. Es importante subrayar que, si otros planetas hubiesen tenido aspectos desafiantes con la Luna de Frida Kahlo, su carrera podría no haber sido tan distinguida.

 Ahora es el momento de elegir tu propia aventura. Revisa la lista de aspectos de tu Luna que anotaste en la página 104 y lee las secciones que se apliquen a ti. Después, avanza hasta las preguntas de reflexión al final del capítulo.

Bendiciones

SEXTILES

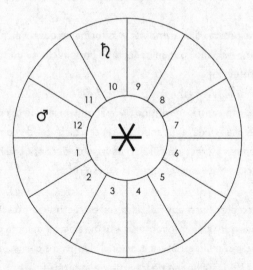

El sextil es un ángulo de 60° amigable y tranquilo, pero servicial y alentador. Un sextil de tu Luna con cualquier planeta es beneficioso, incluso siendo discreto.

Un sextil de tu Luna con...

- **El Sol** nos dice que existe un apoyo mutuo entre las dos luminarias de tu carta y que tu propósito de vida se desentraña y vive en armonía.

- **Mercurio** presta conectividad a tus comunicaciones, haciéndote perceptiva y cercana por naturaleza. Un padre o cuidador puede haber tenido estos mismos atributos.

- **Venus** presta dulzura y una capacidad para crear vínculos que puede serte de gran ayuda. Venus también puede ayudarte a embellecer tu cuerpo y hogar. Un padre puede haber sido hermoso y haberte legado su encanto o talento artístico.

- **Marte** presta valor e impulso a la forma en que vives tu vida. Un padre o cuidador puede haber sido un modelo de un rol positivo de protección.

- **Júpiter** te presta un sentido de la abundancia y de fe en cómo se desarrolla la vida, ayudándote a crear y disfrutar de comodidades materiales y emocionales. Un padre o cuidador puede haber sido especialmente alegre, optimista o espiritual.

- **Saturno** crea una aptitud para ser estructurada, estable y disciplinada que puedes incorporar a tu día a día de manera que apoye tu bienestar material y emocional. Un padre o cuidador puede haber sido una buena figura justa de autoridad.

- **Urano** presta una visión innovadora, la necesidad de sacudir el mundo y una sensibilidad extravagante. Con este aspecto puedes necesitar que tus días sean diversos, emocionantes y que estén en cambio constante. Un padre o cuidador puede haber sido ex-céntrico o inusual de forma inspiradora.

- **Neptuno** presta una imaginación vívida y la necesidad de experimentar cercanía emocional. Este aspecto puede afinar tu intuición y habilidad para conectarte con una gran variedad de personas. Un padre o cuidador puede haber sido creativo o mo-délico en algún sentido.

- **Plutón** te presta profundidad emocional, el deseo de tener experiencias catárticas o de relacionarte con la gente de una manera que se sienta transformativa. Un padre puede haber sido poderoso o influyente.

TRÍGONOS

Armoniosos y serviciales, los trígonos (ángulos de 120º) con la Luna te ayudarán de formas que apoyan tus necesidades físicas y emocionales con mayor facilidad. El trígono es más fuerte que el sextil y, por lo tanto, brinda bendiciones más poderosas.

Un trígono de tu Luna con...

- **El Sol** crea reciprocidad entre tu propósito de vida y tu forma de vivirlo.

- **Mercurio** crea en ti el talento para conectar emocionalmente con la gente. Un padre o cuidador puede haber sido buen comunicador o capaz de expresar bien sus emociones.

- **Venus** es excepcionalmente útil y brinda mucha belleza, simpatía, encanto y comodidad a la Luna, ayudándola a vivir la vida con mucha gracia y estilo. Un padre o cuidador puede haber sido, o ser, atractivo, servicial o hábil en ambientes sociales, atrayendo atención y admiración.

- **Marte** te ayuda a sentirte cómoda en una posición de liderazgo, tomando la iniciativa, siguiendo tu propio camino y suministrándote lo que necesitas. Un padre o cuidador puede haber sido independiente, inspirándote a serlo también.

- **Júpiter** es increíblemente útil y le presta a tu Luna una protección especial, abundancia, optimismo, una naturaleza espiritual, generosidad y fe en la vida y en cubrir tus necesidades. Un padre o cuidador puede haber sido generoso, optimista y capaz de ofrecerte abundancia en el plano material.

- **Saturno** te presta una autoridad que no agobia a los demás. Puede que la gente confíe en ti y en tu integridad. Un padre o cuidador puede haber tenido una posición importante o haber sido capaz de demostrar cómo ser maduro de forma que no oprimiese a otras personas.

- **Urano** te ayuda a ser poco convencional de maneras que las demás personas aceptan, disfrutan o aprecian. Un padre o cuidador puede haber sido experimental, inventivo y creativo en su enfoque de la vida.

- **Neptuno** crea un tipo de creatividad e imaginación muy intuitivas y puede necesitar alimentarse de imágenes, sonidos y colores. Un padre o cuidador puede haber sido especialmente intuitivo, receptivo o generoso.

- **Plutón** puede crear intensidad emocional, poder e influencia a la que otras personas responden. Un padre o cuidador puede haber tenido un fuerte impacto en ti o en el mundo a su alrededor, conectándote con bendiciones materiales.

Desafíos

CUADRATURAS

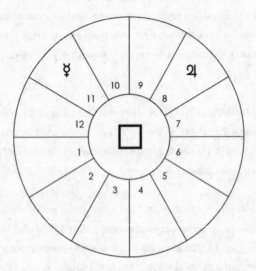

Las cuadraturas (ángulos de 90º) que la Luna tiene con otros planetas apuntan a los lugares en que podemos haber estado, o habernos sentido, inseguras física, emocional o materialmente. Los aspectos difíciles de la Luna también pueden referirse a traumas heredados o históricos, pues la Luna representa el cuerpo y el linaje del que provenimos.

Una cuadratura de tu Luna con...

- **El Sol** nos dice que existe una fricción entre tu propósito de vida y cómo vivirlo. Esto puede significar que tu Sol y Luna, dos planetas clave en tu carta natal, se expresan de maneras tan distintas que causan esta fricción en tu vida, pero que pueden empujarte a entrar en acción. Las paradojas de tu personalidad nunca son aburridas.

- **Mercurio** puede hacer que comunicar tus sentimientos sea un desafío. Este aspecto puede referirse a una dificultad que tus padres o cuidadores tuvieran con su estilo comunicativo, que puede o no haberte impactado negativamente. Una cuadratura de Mercurio no es un aspecto demasiado preocupante en sí mismo, a menos que este planeta esté acompañado de Saturno o Marte.

- **Venus** puede presentar dificultades para cumplir con sus necesidades, ya que complacer a los demás es el mayor problema de este planeta. Puede haber un conflicto en relación con la atención que exigen un padre o cuidador y el tipo de sustento emocional que recibiste en tu infancia. La belleza o el encanto de tu padre o cuidador puede haber estado más presente que su capacidad de ocuparse de tus necesidades. Las cuadraturas con Venus no son dañinas, pero pueden hacer alusión a una discordia o desconexión relacionadas con la belleza o el agradar.

- **Marte** puede ser especialmente dolorosa, ya que tiene tendencia a ser cruel y lacerante. Esto puede indicar que un padre tuvo dificultades para controlar su ira y puede señalar cómo este tipo de comportamiento te impactó en la infancia. Este aspecto necesita encontrar salidas para su ira, energía y empuje y lo benefician las actividades que enfrían y desinflaman el cuerpo, la mente y el alma.

- **Júpiter** puede crear la necesidad de abundancia, de gratificación excesiva y un hambre de experiencias emocionales. A veces, un padre ha sido exuberante, exagerado (emocionalmente o de alguna otra manera) o con una personalidad excesiva que ha dominado la experiencia de su hijo.

- **Saturno** puede crear rigidez, pesadez y letargia en el cuerpo o en el sistema emocional. La depresión es un efecto secundario habitual de un aspecto difícil entre la Luna y Saturno. Un padre o cuidador de una persona con este aspecto puede haber tenido una carga excesiva o haber sido incapaz de darle sustento. Puedes trabajar este aspecto siendo disciplinada y encontrando maneras de ser buena y compasiva contigo misma.

- **Urano** sacude los cimientos de nuestras vidas. A menudo, la gente con esta posición siente que sus vínculos y cuidados durante su infancia fueron trastornados de formas que sentían inseguras. Debes crear alguna fuente de consistencia en tu vida con la que construir y cuidar vínculos.

- **Neptuno** crea una tendencia a huir de las exigencias de la vida. Esta configuración puede referirse a un padre o cuidador que tuvo problemas de adicción o que no pudo estar presente, se desvinculó o se desentendió de formas que te hicieron sentir ansiosa. Debes aprender a mantener los pies en la tierra y contener tus respuestas emocionales sin desentenderte de ellas.

- **Plutón** crea intensas reacciones emocionales ante cualquier cosa que te haga sentir insegura. Esto puede haber ocasionado luchas por el poder con tus padres o cuidadores que amenazaron tu propia autonomía. Puedes sentirte abrumada por las necesidades emocionales de tus padres. Encontrar maneras de trabajar y honrar tus propias respuestas emocionales y entender la inteligencia inherente a ti será tan útil como sanador.

OPOSICIONES

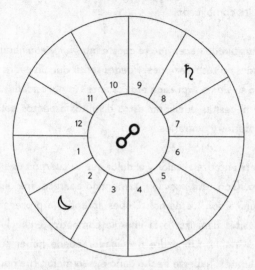

Cuando la Luna está en oposición (ángulo de 180°) con otro planeta, puede referirse a una fisura entre nuestras emociones y otra parte de nosotras mismas. Señala que algo pudo haber parecido una amenaza para nuestra seguridad o bienestar durante la infancia.

Una oposición de tu Luna con...

- **El Sol** significa que naciste justo antes, durante o después de una luna llena y que tendrás que integrar las naturalezas opuestas de los signos y posiciones de tu Sol y Luna.

- **Mercurio** puede hacer que parezca útil equilibrar las necesidades del cuerpo y la mente, vacilar entre la cabeza y el corazón y tender a pensar demasiado en lugar de sentir. Esta posición también puede referirse a la relación con un padre o cuidador en la que equilibrar las interacciones racionales y emocionales resulta complicado.

- **Venus** puede hacer que te cueste integrar y equilibrar tus necesidades en tus relaciones. Puedes sentir que un padre o cuidador puso su vida o expresión erótica ante tus necesidades. Es posible que necesites equilibrar estos distintos aspectos del «yo» para aceptarlos y honrarlos.

- **Marte** enfatiza el calor y el dolor que tu cuerpo puede haber sufrido. Con esta posición, a menudo aparece una dinámica antagónica con los demás. Debes aprender a protegerte y quizá necesites canalizar esta energía combativa en luchar por una causa noble. Un padre o cuidador puede haber sobrepasado tus límites, haberte hecho daño o, a lo mejor, fue herido de una forma que impactó tu sentido de la seguridad.

- **Júpiter** tiene tendencia a exagerar, dar de más y excederse en relación con el cuerpo, las emociones y las conexiones con los demás. Este aspecto no es un «desafío», pero exige que encuentres un equilibrio tanto emocional como físico. Es posible que los límites constituyan tu mayor curva de aprendizaje. Dar de más o sobrestimar lo que eres capaz de dar física y emocionalmente y después sobrecompensar con una reacción opuesta para mantener un equilibrio es un patrón que debes vigilar. Un padre o cuidador puede haber sido desbordante, haber tenido una personalidad o necesidades que dominaran tu mundo o haber poseído una exuberancia emocionante pero no necesariamente realista.

- **Saturno** es la más desafiante de todas las oposiciones a tu Luna. Que Saturno se oponga a tu Luna puede crear situaciones en las que te cueste acceder al consuelo, a la compasión y al cuidado que necesitas. Esta oposición trae consigo sentimientos de insuficiencia. Puede costarte pedir ayuda. Puedes haber tenido un padre reservado o emocionalmente inalcanzable. Con esta posición, debes darte permiso para cometer errores, aprender de ellos y estar abierta a las críticas constructivas.

- **Urano** puede aludir a inconsistencias en tus primeros años, a tus padres y a los traumas de tu infancia. Este aspecto puede provocar el deseo de abandonar lo que parece estable y cambiar lo conocido, así como dificultar la construcción y el mantenimiento de relaciones. Puedes haber sentido un padre o cuidador como emocionante, errático, extremo y experimental de formas que ponían en peligro tu seguridad.

- **Neptuno** puede crear ansiedad debido a una falta de estabilidad en la vida. Puede costarte ser emocionalmente consistente. Puedes ser vulnerable al engaño y tener dificultades para leer las intenciones de aquellos que quieren usarte o aprovecharse de ti. Puedes haber sentido a un padre o cuidador como emocionalmente agotador o incapaz de mantener sus límites, cubrir sus propias necesidades o estar presente para ti regularmente. Para desarrollar tu madurez emocional, es importante que estés juiciosamente atenta a, en lugar de embaucada por, las muestras de necesidad a tu alrededor.

- **Plutón** puede anhelar controlar las emociones, tanto que te cueste sentirte suficientemente segura como para ser vulnerable, estar relajada y abrirte a las demás personas. Lo contrario también puede ser cierto y puedes sentirte controlada o sobrepasada por los antojos, deseos y exigencias de otras personas. Puedes necesitar mucho tiempo para procesar las emociones antes de entenderlas y, si no, pueden entrar en erupción como un volcán. Un padre o cuidador puede haber tenido una personalidad arrolladora, controladora, intensa o agotadora para tu cuerpo. Para separarte de ellos, puedes haber tenido que pasar por un proceso de total transformación y reinvención.

Combinaciones

CONJUNCIONES

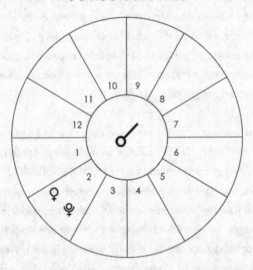

Como la Luna es tan impresionable, la naturaleza de cualquier planeta que esté en su mismo signo puede influenciar mucho su estilo.

Tu Luna en conjunción con...

- **El Sol** junta las dos luminarias de tu carta natal, lo que significa que tu propósito de vida y la forma en que lo vives tienen el mismo estilo. Cuando el Sol y la Luna están juntos, significa que naciste al principio o al final de un ciclo lunar, según en qué grado esté cada uno.

- **Mercurio** combina la necesidad de comodidad con la comunicación. Puede que proceses verbalmente tus sentimientos, que encuentres consuelo en la comunicación que establece vínculos o que te juntes con aquellos que piensan como tú. Puedes haber tenido un padre o cuidador excepcionalmente hablador, ingenioso o buen vendedor.

- **Venus** es un aspecto propicio que implica alguna facilidad para ti. Puedes ser buena creando vínculos por parecer accesible y amigable o bella y seductora. Venus siempre puede ofrecer la bendición de la belleza y ese privilegio puede atraer comodidades materiales. A veces, este aspecto señala a un padre atractivo, adulador, elegante y/o artístico.

- **Marte** por naturaleza nos induce a sobrecalentarnos y, cuando está situado junto a la Luna, puede causar inflamación en el cuerpo o en el sistema emocional. Puede costarte tranquilizarte, frenar y crear o mantener relaciones. Un padre puede haber ignorado tus límites, como pasa también en la cuadratura o la oposición de la Luna con Marte. Puedes estar emocionalmente a la defensiva y tener que aprender cómo encontrar suficiente seguridad en ti misma como para poder respetar los límites de tu cuerpo, de tu vida y de los demás.

- **Júpiter** es extremo en sus necesidades: quiere mucho, quiere dar mucho y desea crear más conexión. Júpiter es generoso, generativo y abundante, haciendo de esta una firma propicia, si no a veces avasalladora. Un padre puede haber tenido una fachada exuberante que te animó a dejarte ver o que dominaba todo tu ambiente, dejándote poco espacio.

- **Saturno** será una de las conjunciones más complicadas, pues la Luna y Saturno son muy diferentes. La Luna quiere crear vínculos, protección, seguridad y sustento y Saturno es austero, pone límites, crea estructuras y rechaza lo que se le ofrece. Saturno tiende a engañar a la Luna para que se sienta indigna de sustento. Puedes tener que aprender a establecer límites firmes que dejen pasar el amor y la conexión. Puedes haber tenido un padre o cuidador remoto, inalcanzable, triunfador, depresivo, excesivamente productivo o que se sintiera como una fuerza opresiva en tu vida.

- **Urano** puede tener relaciones erráticas, alternando a menudo entre necesitar consuelo y espacio. La gente con esta posición tiende a venir de familias desestructuradas o excéntricas, o puede necesitar romper con la tradición familiar, creando la suya propia. Estas personas pueden también necesitar crear un hogar y una familia de una forma única o diferente. Puedes haber tenido un padre o cuidador que se encontrara en circunstancias que le obligaran a ser errático en su capacidad de estar presente para ti, que se apartase de la norma o que no fuese suficientemente consistente al cuidarte como para hacerte sentir saciada emocionalmente o de cualquier otra manera. Aprender a darte lo que necesitas cada día te ayudará mucho en tu proceso de sanación.

- **Neptuno** se combina por naturaleza con los demás, creando una rica sensibilidad, empatía y compasión. No obstante, puede costarte mantener tus límites y puedes necesitar aprender a distinguirte de los demás. Quizá hayas sentido que un padre o cuidador no te veía como un individuo y necesitaba que cuidaras de él o ella, especialmente si la adicción o la enfermedad formaba parte de la relación.

- **Plutón** crea una vida emocional intensa. Te combinas con los demás de formas poderosas que pueden ser agotadoras o consumirte. Quizá tú o un padre o cuidador han tenido sentimientos obsesivos. Es muy probable que seas alguien a quien las demás personas siempre acuden con sus problemas. Tienes un aire emocionalmente carismático, sino algo intimidante. Exudas, quizá sin darte cuenta, un poder que afecta profundamente a los demás. Un padre o cuidador puede haber tenido experiencias en las que fue consumido por una situación o una persona y, en consecuencia, puedes no haberte sentido vista o cuidada. La misma persona puede haber intentado invadir tus límites personales, energía y espacio (o ésa puede haber sido su propia experiencia en la vida). El poder personal y su uso puede haberse vuelto un tema integral de estas dinámicas.

Preguntas de reflexión

- ¿Qué planetas están ayudando a tu Luna? ¿Sientes sus dones? ¿Alguna vez has infravalorado o has dado por sentadas estas bendiciones? ¿Qué puedes hacer para aprovechar al máximo estas facilidades en tu carta natal y vivir todo tu potencial?

- ¿Qué planetas obstaculizan o desafían a tu Luna? ¿Sientes que este conocimiento de tu carta valida tu experiencia? ¿Qué puedes hacer para entender estos desafíos como oportunidades de crecimiento en lugar de como obstáculos insalvables?

- ¿Qué ha sido validado sobre tus necesidades físicas y emocionales?

- ¿Qué puedes hacer para asegurarte de que obtienes el sustento que, y como, lo necesitas?

- ¿Qué ha sido validado sobre la naturaleza de tu relación con un padre? ¿Te permite esta validacion sanar? ¿Te da un motivo para dar las gracias por una relación parental en particular o para superar el recuerdo doloroso de una?

- Al terminar con esta sección, cuídate. Aliméntate. Sé buena con tu cuerpo durante el resto del día. Recuerda que es la manifestación física del propósito de tu alma y respétalo en consecuencia.

V

TU ASCENDENTE Y SU REGENTE

Tu motivación en la vida y el timonel de tu barco

Tu Ascendente es el grado exacto del zodíaco que aparecía por el horizonte este en el momento preciso en que llegaste al mundo. Debido a esto, tu Ascendente es algo increíblemente personal para ti: el punto más personal de tu carta natal. El grado del zodíaco en el horizonte este cambia cada pocos minutos, así que cuánto más precisamente conozcas la hora de tu nacimiento, más personal será la información que puedas obtener de tu Ascendente.

El punto Ascendente siempre está en un signo, al que también podemos referirnos como «signo ascendente». La naturaleza del signo que estaba en el horizonte este cuando viniste al mundo simboliza tu motivación para estar en él. Nos dice qué te pone en marcha, te saca de la cama y te manda a la aventura de la vida.

Como enseña Demetra George en su libro *Astrology and the Authentic Self* (Astrología y el autentico «yo»), el Ascendente se refiere al aspecto de nosotras por el que queremos ser conocidas. A los signos ascendentes de fuego —Leo, Aries y Sagitario— los motiva y quieren ser conocidos por entrar en acción. A los signos ascendentes de tierra —Capricornio, Tauro y Virgo— los motiva y quieren ser conocidos por construir de forma práctica y segura. A los signos ascendentes de aire —Libra, Acuario y Géminis— los motiva y quieren ser conocidos por su habilidad para comunicarse e intercambiar ideas. A los signos ascendentes de agua —Cáncer, Escorpio y Piscis— los motiva y quieren ser conocidos por crear y mantener vínculos emocionales.

Tu Ascendente, como cada signo, está gobernado por un planeta. El planeta que rige sobre tu Ascendente es llamado el «regente del Ascendente» y determina qué dirección debe tomar tu vida. Es, como lo describió Robert Schmidt, el «timonel» del barco de tu vida. Por ejemplo, si tu Ascendente está en Aries, entonces su regente es Marte, pues Aries está gobernado por este planeta. En otras palabras, Marte es el timonel de tu barco.

Los regentes de cada signo

- Aries ♈ está gobernado por Marte ♂

- Tauro ♉ está gobernado por Venus ♀

- Géminis ♊ está gobernado por Mercurio ☿

- Cáncer ♋ está gobernado por la Luna ☽

- Leo ♌ está gobernado por el Sol ☉

- Virgo ♍ está gobernado por Mercurio ☿

- Libra ♎ está gobernado por Venus ♀

- Escorpio ♏ está gobernado por Marte ♂

- Sagitario ♐ está gobernado por Júpiter ♃

- Capricornio ♑ está gobernado por Saturno ♄

- Acuario ♒ está gobernado por Saturno ♄

- Piscis ♓ está gobernado por Júpiter ♃

Para entender tu Ascendente y cómo da forma a tu motivación en la vida, te será útil explorar las cuatro siguientes características:

1. ¿Cuál es tu motivación en la vida? (¿Qué signo es tu Ascendente?)

2. ¿Quién está influyendo en tu motivación en la vida? (¿Tienes algún planeta en el mismo signo que tu Ascendente?)

3. ¿Quién es el timonel del barco de tu vida? (¿Qué planeta rige sobre tu Ascendente?)

4. ¿Hacia qué área de tu vida navega tu timonel? (¿En qué casa se encuentra el regente de tu Ascendente?)

Si sabemos qué nos motiva, ya tenemos medio camino recorrido hacia la felicidad. Si sabemos que parte de nuestra motivación particular es expresar y reconocer estados emocionales profundos, ¿por qué íbamos a perder otro instante castigándonos por ser sensibles? Si sabemos que, en parte, nos motiva actuar con valentía, ¿por qué íbamos a renunciar a nuestra verdadera naturaleza intentando ser tímidas, distantes o seguir conservadoramente las reglas?

La autoaceptación radical consiste en entender que somos exactamente como debemos ser. No hay ninguna parte inútil en nosotras. No nos sobra ninguna de nuestras piezas. No se ha cometido ningún error con nosotras.

A medida que aprendas sobre el signo de tu Ascendente, su regente y su casa, fíjate en qué te viene a la mente y qué partes de ti juzgas sin pensar, cuáles aceptas y cuáles te gustaría que no existieran.

Puntos clave a recordar sobre tu Ascendente y su regente:

- El Ascendente es el punto exacto del cielo que estaba en el horizonte este en el momento en que llegaste al mundo. Lo determinan tu hora, fecha y localización de nacimiento.

- El Ascendente es un punto. El signo en que está tu Ascendente se llama «signo ascendente».

- Tu Ascendente es tu motivación en la vida y por lo que quieres ser conocida.

- El regente de tu Ascendente es el planeta que rige tu Ascendente y signo ascendente.

- Ese planeta es el timonel del barco de tu vida.

- La casa en que se encuentra el regente de tu Ascendente revela hacia qué área de la vida navegas.

COMPRUEBA TU CARTA NATAL

ENCUENTRA TU ASCENDENTE

Busca este símbolo ⛎ en tu carta natal.
Éste es tu Ascendente.

El Ascendente siempre se encuentra en la casa I. Es
el trozo de la tarta a mano izquierda en tu carta
natal que tiene escrito el número 1. El signo
que haya en él será tu signo ascendente.

¿Cuál es el signo de tu Ascendente?

Mi Ascendente se encuentra en el signo de _____.

Los planetas en el mismo signo que mi Ascendente son _____
_____.

(Rercuerda que puede no haber ninguno)

¿Qué planeta rige tu Ascendente?

El regente de mi Ascendente es _____.

El regente de mi Ascendente se encuentra en el signo de _____
_____.

El regente de mi Ascendente se encuentra en la casa _____
de _____.

EL SIGNO DE TU ASCENDENTE
¿CUÁL ES TU MOTIVACIÓN EN LA VIDA?

¿De qué signo es tu Ascendente?

El signo de tu Ascendente revela el estilo con el que encontrarás tu camino a través de esta experiencia terrenal. Cuando observamos a Frida Kahlo y a la doctora Maya Angelou para ver cómo sus Ascendentes influyeron en sus motivaciones en la vida, podemos entrever qué las inspiró a convertirse en artistas y activistas. Ambas nacieron con Ascendente Leo, lo que significa que su motivación era expresarse, representar su experiencia interna ante el mundo y entrar en la vida de una forma dramática y cautivadora que atrajera la atención hacia lo que hicieran. Leo es un signo fijo de fuego con una intensidad, fuerza y poder inherentes. Kahlo encarnaba esta faceta en sus cientos de autorretratos. La doctora Angelou, igualmente motivada a expresarse creativamente, hizo esto a través de su poesía, novelas, ensayos, bailes, televisión, películas, música y trabajo académico, que fueron reconocidos con numerosos premios.

 Ahora es el momento de elegir tu propia aventura. Por favor, salta hasta tu signo ascendente.

ASCENDENTE ARIES

♈ ☲

Si tu Ascendente está en Aries, querrás ser conocida por tu capacidad para entrar en acción. Con gran valor y poca consideración por las consecuencias, tu Ascendente necesita experiencias que sólo el riesgo puede darle. Como signo cardinal de fuego, los Acendentes Aries necesitan cargar de frente contra la vida. De la misma forma en que el impacto ayuda al sistema óseo a aumentar la densidad de los huesos, estrellarse contra cosas de vez en cuando puede hacer que desarrolles una resiliencia que tu Ascendente Aries apreciará.

Aries rige sobre la cabeza y el rostro. Que tu Ascendente esté en este signo puede hacer que esta área del cuerpo sea prominente, propensa a tener problemas o sensible al tacto. Igual que tu mascota, el carnero, necesitas un rival digno. Aunque otros puedan sentir que tu estilo es agresivo, lo que ocurre es que tu forma de ser es directa. Sea en el amor, el trabajo o el ocio, tu Ascendente Aries necesita un poco de emoción para mantener su interés.

Aries, gobernado por Marte, te hará querer demostrar tu valía acometiendo estresantes actos de valor que pongan a prueba tu capacidad de luchar y salir victoriosa. Lo más probable es que seas conocida por ser una perseverante fuerza de la naturaleza, independiente y asertiva, que hará sufrir a quien se interponga en su camino. Esta parte de ti necesita que utilices tu energía porque, si no, se pondrá en tu contra. Al distorsionarse, tu Ascendente Aries puede ser la cerilla que prenda la constante corriente de gasolina del mundo.

👁 *Afirmaciones*

- Confío en las respuestas intuitivas que tengo ante la vida.

- Cada vez que pongo en riesgo mi reputación para ser fiel a mi verdad, me fortalezco.

☑ *Preguntas de reflexión*

- ¿Qué parte de esta descripción de Aries resuena contigo? ¿Qué parte de ella te motiva?

- ¿En qué faceta de tu vida acometes regularmentes actos que otros consideran valerosos?

- ¿En qué tiendes a volverte competitiva? ¿Cuándo es que esta competitividad te ayuda a mejorar? ¿Cuándo contribuye a separaciones dolorosas en tu vida?

ASCENDENTE TAURO

♉ ☼

Si tu Ascendente está en Tauro, el signo fijo de tierra, querrás ser conocida por tu capacidad para estabilizar los recursos de los que dispones y crear con ellos algo bello y duradero. Tu Ascendente sabe cómo dar forma a la belleza. Gobernado por Venus, el planeta del amor, las relaciones, los vínculos, el placer y la simpatía, Tauro sabe cómo construir un nido de amor duradero. Regente del cuello, la garganta y los hombros, tu Ascendente Tauro puede querer que estas áreas estén especialmente adornadas de besos, elixires embriagadores y joyas deslumbrantes.

La naturaleza fija de Tauro te hace conocida por tu cabezonería, pero también por tu capacidad para fijar y manifestar el potencial que a otros les pasa por alto. Tu Ascendente Tauro les recordará a ti y a las demás personas cómo disfrutar de los placeres sencillos de la vida. El balanceo de una rama de árbol. El balanceo de unas caderas. El balanceo de un amante.

Tu Ascendente Tauro reúne naturalmente a gente a su alrededor porque les ofrece generosas cantidades de sosegado sustento. Tauro es generativo y, cuánto más alineada te sientas con esta característica, más estarás en tu lugar. Tauro ha venido a producir lo que pueda a partir de la tierra que es la vida, cultivando las condiciones adecuadas para un crecimiento futuro que durará muchas estaciones.

Al distorsionarse, tu Ascendente puede engañarte para que pienses que lo más seguro es intentar controlar, poseer y forzar a la vida a ir en cierta dirección. Tauro es difícil de enfadar, pero, cuando has sido empujada hasta tu límite, es difícil frenar al toro rabioso.

👁 Afirmaciones

- Me motiva desarrollar lo que siento generativo, abundante y estable.

- Mi persistencia me lleva hasta cada línea de meta hecha para mí.

📝 Preguntas de reflexión

- ¿Qué parte de esta descripción de Tauro resuena contigo? ¿Qué parte de ella te motiva?

- ¿Qué tiendes a pasar tu vida construyendo, trabajando y reforzando?

- ¿Cuándo es que tu deseo y necesidad de comodidad, seguridad o placer bloquea tu capacidad de tener nuevas experiencias?

ASCENDENTE GÉMINIS

♊ ♎

Géminis es embustero, travieso, un brujo, vendedor, reportero y acumulador y difusor de información. Si quisiera, Géminis podría venderle una varita rota a un mago.

Que tu Ascendente esté en este signo mutable de aire significa que querrás ser conocida por tu capacidad de echar carreras de información contra cualquier fuente de noticias. Una de las cosas que más te inspiran es intercambiar hechos, historias, chismes y tentadores bocados de significado que tú misma has seleccionado. Géminis tiene una historia que contarle a todo el que se cruza.

Siempre inquisitiva, te motiva buscar estímulos intelectuales y conexiones sociales. Tu Ascendente Géminis siempre intentará ver una situación desde ambos lados. No se limitará a sentirse cómodo con las contradicciones, dualidades y paradojas, sino que las propiciará. Infinitamente carismática, tus poderes de persuasión harán que aletees alrededor de lo impermeable hasta que encuentres una fina grieta por la que colarte.

Tu Ascendente Géminis puede ser conocido por encontrar más preguntas que respuestas. No pretende quedarse quieto. Siempre en movimiento, el signo simbolizado por los gemelos es más feliz durante el diálogo que en la certeza tallada en piedra.

Géminis rige sobre los brazos, las manos y también sobre los pulmones, pues todo buen comunicador necesita que el viento entregue su mensaje. El planeta regente de Géminis es Mercurio, que retrocede de tres a cuatro veces al año para viajar al inframundo. Cambia de dirección. Necesita darle vueltas a las cosas, revisar sus opciones, transformarse a través de su proceso de purificación mental. Puedes encontrarte con que terminas imitando el viaje de tu planeta regente. Distorsionado, tu Ascendente puede parecer inconsistente y en las nubes, haciendo que los demás duden de tus intenciones.

👁 Afirmaciones

- Estoy programada para intercambiar lo que tengo con la gente a mi alrededor.

- Soy tan reflexiva como inquisitiva.

📝 Preguntas de reflexión

- ¿Qué parte de esta descripción de Géminis resuena contigo? ¿Qué parte de ella te motiva?

- ¿Eres conocida por tu habilidad para comunicarte con los demás? ¿Qué parte de acumular información y difundirla a tu manera te inspira?

- ¿Cómo impulsa la curiosidad tu día a día?

ASCENDENTE CÁNCER

♋ ☉

Sentir es la especialidad de Cáncer. Este signo inicia en nosotras la necesidad de conectar. Libera las lágrimas atascadas en nuestro interior. Hace que abordemos nuestros aspectos más descuidados. Cáncer crea confianza y seguridad a través de vínculos emocionales que son familiares o se sienten como tal.

Si tu Ascendente está en este signo cardinal de agua, serás conocida por tu habilidad para preocuparte por tu séquito, amigos y familiares, iniciándoles en el reino del corazón.

Como crea conexiones intuyendo y cumpliendo con las necesidades de los demás, tu Ascendente Cáncer recordará cómo les gusta el té a tus seres queridos, qué piensan de sus padres y de qué color se ponen sus ojos cuando no son felices. Como rige sobre el estómago y los pechos, a Cáncer le encanta nutrir y ser nutrido.

Cáncer es el guardián de la memoria, de la historia, del linaje. Más tenaz de lo que le conviene, tu Ascendente conservará las experiencias más allá de su fecha de caducidad.

Gobernado por la Luna, tu humor fluctúa. La Luna florece, deja ir y renace constantemente, mostrándote la necesidad de continuar con el ciclo de la muerte y la resurrección. La Luna nos recuerda cuán importante es no apegarnos demasiado a un estado o a otro.

Si se distorsiona, tu energía puede volverse malhumorada, melancólica y mórbidamente apegada al pasado. Puedes ser demasiado sensible y tender a tomarte las cosas personalmente. El símbolo de Cáncer es el cangrejo, cuyo duro caparazón puede hacerlo parecer a la defensiva aunque tenga el más tierno de los vientres.

👁 Afirmaciones

- Me motiva sentir y ser sentida.

- Aporto mis cuidados donde sé que serán apreciados y deseados.

✍ Preguntas de reflexión

- ¿Qué parte de esta descripción de Cáncer resuena contigo? ¿Qué parte de ella te motiva?

- ¿Obstruyen tus cambios de humor tu capacidad de ser consistente en la forma en que te presentas al mundo? ¿Cómo gestionas esto? ¿Te pones demasiado a la defensiva cuando te sientes inesperadamente vulnerable? Cuando esto ocurre, ¿qué te ayuda?

- ¿Interactúas con el mundo percibiendo quién necesita que se ocupen de él? ¿Cómo te sientes cuando estás siendo de ayuda, cuidando o dando amor a otros? ¿Cómo gestionas tus expectativas de los demás?

ASCENDENTE LEO

♌ ☼

Brillando sin vergüenza, Leo sabe que cualquier representación es, en el fondo, un acto espiritual. El actor sale al escenario y permite que la condición humana, en toda su gloria y brutalidad, dé un paso adelante al servicio de la comunidad. Nos hace falta un reflejo verdadero de nuestro dolor, belleza y cargas. Ver cómo otras personas pasan por lo mismo que nosotras es catártico. Ésta es la bendición de Leo.

Siempre listo para hacer rugir a carcajadas a su público, tu Ascendente Leo, como el Sol, su regente planetario, ha nacido para ser el centro de atención. Este signo fijo de fuego hará que te expreses grandilocuentemente, atrayendo la atención. Quien esté en tu presencia, lo sepa o no, se convertirá en la audiencia de tu representación. Tu Ascendente necesita ser apreciado, amado y adorado por lo que sea que estés ofreciendo.

Leo rige sobre el corazón y la columna vertebral. Tu carisma estimula el cuerpo, aumenta las pulsaciones del corazón y la presión sanguínea. Juguetón y espontáneo, tu Ascendente será conocido por su amor por la afectación y el poder de una buena entrada. Afín a la nobleza que su regente (el Sol) representa, Leo se siente cómodo con una corona.

Distorsionado, este signo se obsesiona consigo mismo. Tendencias egocéntricas, dominantes yególatras se agrupan en la guarida de Leo. El león, siempre orgulloso, puede morder cuando lo provocan. Aunque exudes una poderosa presencia, tendrás que aprender qué escenarios quieres que tu Ascendente Leo haga brillar.

👁 **Afirmaciones**

- Me doy permiso para expresarme completamente.

- Estoy aquí para dejar brillar mi luz mientras disfruto del brillo de la gente a mi alrededor.

📝 **Preguntas de reflexión**

- ¿Qué parte de esta descripción de Leo resuena contigo? ¿Qué parte de ella te motiva?

- ¿Por qué acostubras a recibir atención? ¿Es algo positivo? ¿Negativo? ¿Te reprendes por necesitar una determinada cantidad de reconocimiento, amor, elogios o aprecio?

- ¿Qué es por lo que más quieres ser conocida? ¿Qué es por lo que más quieres ser celebrada? ¿Eres conocida por tener una actitud juguetona? ¿Es eso importante para ti? ¿Eres conocida por ser una diva? ¿Es eso importante para ti?

ASCENDENTE VIRGO

♍ ♎

Con un Ascendente Virgo, el signo mutable de tierra, serás conocida por tu capacidad para hacer que la información a la que tienes acceso sea útil, práctica y aplicable. Cuando desarrolles esta habilidad, tu Ascendente será feliz al trabajar en algo importante para ti. Nunca acabas de perfeccionar lo que sea en lo que te hayas centrado en ese momento, y tu capacidad para encontrar lo que no funciona es increíble para el resto del mundo.

Virgo es exigente, crítico, profundamente introspectivo y le intrigan los sistemas inteligentes; especialmente aquellos que son sanadores, eficientes y que ocurren de forma natural. A tu Ascendente lo motiva analizar, digerir e integrar la información que adquieres. Virgo siempre está en proceso de unir cosas y retirar las que no funcionan. Como tal, rige sobre los intestinos delgado y grueso, el diafragma y el bazo. Esto te convierte en una experta en purgar los sistemas físico, emocional e intelectual. Un curandero nato, sanitario o profesional médico, a tu Ascendente lo motiva encontrar la raíz del problema para curar el todo.

El símbolo de Virgo es la virgen, normalmente con un manojo de trigo y un pájaro para representar la naturaleza dual de este signo mutable. En el mundo antiguo, el término «virgen» aludía a aquellas que se pertenecían a sí mismas, no a alguien que nunca había mantenido relaciones sexuales. Dedicada a descubrir su propia naturaleza a través de una devoción disciplinada, la virgen aplica la práctica de la autorregeneración como medio para conectar con la espiritualidad. Esto puede otorgarte un estilo que otras personas interpreten como cerrado, inaccesible o distante cuando, en realidad, sólo es que estás internamente ocupada.

Lo que otras personas pueden no entender es que Virgo es terriblemente sensible. Tras su capacidad para criticar, se oculta un profundo deseo de alinearse. Virgo purifica y, en el amor, necesita una compañera que esté dispuesta a procesar constantemente el material del momento.

Cuando se distorsiona, las conductas exigentes de Virgo van hacia adentro. Puedes ser capaz de encontrar tantos defectos que, o te convencerás de que no tienes nada que dar, o de que nadie y nada es suficientemente bueno como para perseguirlo. Tendrás que desarrollar una aguda capacidad para interceptar tu propio sabotaje, el odio hacia ti misma o tu autoescrutinio y, en su lugar, poner a trabajar esa energía al servicio de algo más grande que tú.

👁 **Afirmaciones**

- Me dedico al servicio de lo que es sagrado para mí.

- Soy paciente cuando otros todavía están aprendiendo lo que yo ya sé.

📝 **Preguntas de reflexión**

- ¿Qué parte de esta descripción de Virgo resuena contigo? ¿Qué parte de ella te motiva?

- ¿Eres conocida por trabajar duro? ¿Te agotas trabajando por instinto? ¿Tiendes a excederte con lo que estés haciendo? ¿Tiendes a sobreanalizar las cosas? ¿Obstaculiza eso tu capacidad para cumplir con el trabajo que debes hacer? ¿Usas alguna vez el trabajo como excusa para evitar la intimidad, el placer o vivir algún aspecto de tu vida?

- ¿Qué tiendes a criticar en exceso sobre ti misma? ¿Qué tiendes a criticar en exceso sobre los demás? ¿Cómo dificulta eso la intimidad en tu vida?

ASCENDENTE LIBRA

♎ ☼

A tu Ascendente Libra lo motiva iniciar relaciones. Este signo cardinal de aire tiene una capacidad asombrosa para conectarse con cualquiera, donde sea y en cualquier momento, si así lo desea. Incluso si eres extremadamene introvertida, tu Ascendente se inclina hacia la socialización, ser agradable y entender los altibajos de los demás.

Gobernado por Venus, Libra se abre a la gente para acomodarla. Es muy probable que tu Ascendente sea capaz de lograr que los demás hagan cosas por ti sin siquiera darse cuenta. Una mera sugerencia es muy potente cuando la pronuncia alguien tan encantadoramente agradable.

La belleza e inspirarte con el arte, el diseño y la delicada naturaleza de la armonía están a la cabeza de tu lista de cualidades valiosas. En la mayoría de casos, te motivará crear paz y evitar un conflicto innecesario.

El símbolo de Libra es la balanza y, como tal, puedes sentirte obligada a equilibrar cualquier situación en la que te encuentres. Libra rige los riñones, los órganos que se ocupan de equilibrar los electrolitos en nuestro cuerpo. Puede obsesionarte lo que está en desequilibrio. Acosado por la idea de tomar la decisión equivocada, tu Ascendente Libra puede estar sopesando una elección hasta que las ranas críen pelo.

Libra busca intuitivamente formas en las que puede compensar lo que falte en cualquier situación. Nervioso ante la idea de que alguien se disguste, tu Ascendente puede imponerte la falsa idea de que te corresponde asegurarte de que la gente se sienta bien. La interminable búsqueda del bienestar de todos es una batalla perdida.

Desconsolado por la injusticia, tu Ascendente Libra necesita entender cada versión de una situación. Puede costarte poner límites y tendrás que tener cuidado con no agotar tu poder de decisión.

Como nunca quiere ser visto como el culpable del daño o de la perturbación, tu Ascendente puede intentar posicionarte como libre de culpa, pero eso no existe. Para salir al cuadrilátero de la vida, tendrás que ser capaz de tomar partido. De lo contrario, terminarás en ninguna parte.

Distorsionado, Libra puede parecer insincero, obsesionado con la belleza estética e incapaz de ser directo. Para contrarrestar esto, es probable que tengas que trabajar en cultivar equilibro interior y amor propio.

👁 *Afirmaciones*

- Estoy aquí para experimentar cómo es el equilibrio en cualquier momento dado.

- Cuando ando en busca de justicia, me incluyo en la ecuación.

✏️ Preguntas de reflexión

- ¿Qué parte de esta descripción de Libra resuena contigo? ¿Qué parte de ella te motiva?

- ¿Te resulta difícil hacer cosas que sientes que pueden decepcionar a otras personas? ¿Estás constantemente sopesando lo que debes hacer contra lo que las demás personas quieren que hagas o quieren de ti?

- ¿Te sientes empujada a crear justicia, belleza o conexiones entre la gente a quien quieres?

- Cuando ves o sientes injusticias en cualquier sentido, ¿qué ocurre en tu cuerpo, mente y corazón?

ASCENDENTE ESCORPIO

♏ ☼

Escorpio, el signo fijo de agua, es conocido por su capacidad para penetrar hasta la más sólida de las superficies, llegando mucho más allá de lo evidente, hasta el territorio desconocido de una situación. Gobernado por Marte, el guerrero, la lanza, el arma, tener tu Ascendente en Escorpio significa que te motivará alcanzar la verdad sin importar qué se interponga en tu camino.

Lo más probable es que seas conocida por ser una estratega. Paciente. Perspicaz. Poderosa. Capaz de esperar hasta que lo que quieres llegue a ti. Tus reservas de fuerza emocional son innegables; deben serlo si quieres llevar a cabo tu misión. Inamovible una vez que te has decidido, tu Ascendente te da fuerzas para no poner nunca en duda tus decisiones. La energía de este signo es suficientemente poderosa como para derribar cualquier obstáculo con el que se cruce y para ser incansable en su esfuerzo. No hay prueba demasiado grande. Su resistencia es inigualable. Su intensidad inquebrantable. Éste es, posiblemente, el motivo por el que no tomas decisiones de forma impulsiva. Una vez te pones en marcha, buena suerte para quien intente desviarte. «Tenaz» no da ni para empezar a describir el poder de tu firmeza.

Regente sobre los órganos reproductivos y de desecho, no hay fetiche imaginable que impresione a Escorpio. Dispuesto a explorar las posibilidades del poder y del juego, es reputado por su magnetismo sexual. Pero esta clase de estereotipo tiende a errar el tiro: Escorpio acostumbra a actuar como un portal de transformación para los demás. Como se siente cómodo con la incomodidad, no le da miedo el proceso de cambio. Esta intensidad es tentadora y alarmante para otras personas. Como poco, Escorpio dejará huella, lo quiera o no.

Distorsionado, tu Ascendente es capaz de un autosabotaje destructivo y obsesivo. Puedes darle la espalda a lo que necesitas para demostrar que tienes razón. Despiadado, un Escorpio distorsionado preferiría sobrevivir a la más dura de las situaciones antes que rendirse a su oponente. Es posible que te des cuenta de que no te da miedo sufrir para demostrar que tienes razón; a lo mejor incluso sientes que estás demasiado cómoda haciéndolo. A menudo, Escorpio se convierte en el depósito de todo lo que tememos, pero, en realidad, es precisamente esta energía la que nos ayuda a desafiar, trabajar y, finalmente, superar estos miedos.

👁 *Afirmaciones*

- Enfoco mi energía hacia la gente y los sitios en que apreciarán su poder e impacto.

- Respeto mi fuerza permitiéndome también ser vulnerable.

📝 *Preguntas de reflexión*

- ¿Qué parte de esta descripción de Escorpio resuena contigo? ¿Qué parte de ella te motiva?

- ¿Te dice la gente que, al conocerte, se sintió intimidada? ¿Te precede una actitud misteriosa?

- ¿Andas constantemente buscando las motivaciones ocultas de una persona o situación?

- ¿Tienden las personas a tu alrededor a tener experiencias emocionales o catárticas que luego les cuesta entender o que resultan profundas para ellas?

ASCENDENTE SAGITARIO

Sagitario es el signo mutable de fuego que sabe cómo introducir su buena voluntad en el mundo sin importar las circunstancias. Gobernado por el gigante gaseoso Júpiter, Sagitario no conoce la sutileza. Incluso en el más pequeño de tus empeños, con un Ascendente Sagitario siempre te emplearás al máximo, con entusiasmo desenfrenado y ligereza hasta en el más complicado de los asuntos. Tu Ascendente no es conocido por su precisión, así que te encontrarás a menudo lanzándote en la dirección que te hayan inspirado tus deseos en lugar de mirar el mapa para buscar una guía concreta.

Pero llegarás de todas formas.

Con una energía aparentemente inagotable, este signo de fuego te motiva a vagabundear, pasearte y preguntarte qué hay más allá del próximo horizonte. Éste es un signo híbrido: el centauro es medio humano, medio caballo. Medio domesticado, medio salvaje, avanzas con tanta perspicacia como impulso.

Generosa y rauda tanto con las críticas como con los elogios, a menudo te meterás en problemas por haber dicho lo que nadie más se atrevía a decir. Barrido por la fiebre de la canalización de tu intuición, tu Ascendente te hará conocida por rasgar todos y cada uno de los filtros que se te impongan.

Como hijo del benevolente Júpiter, tu Ascendente te empuja a lanzarte hacia lo desconocido con la seguridad de que tendrás un buen aterrizaje. Y a menudo estarás en lo cierto. Hace falta fe para tener fe, y tú tienes para dar y regalar.

Al regir sobre las piernas y los muslos, la energía de Sagitario prefiere galopar a andar al paso, haciendo que las consecuencias a las que te enfrentes aparezcan de golpe, pero pasen rápido.

Cuando la energía de Sagitario se distorsiona, crea una glotonería insaciable. Alardeando de sus días de gloria, el jugador apuesta lo que ya no tiene. La avidez por la próxima gran cúspide puede consumirte. Para rectificar esto, tú, como arquera, debes apuntar tu flecha hacia la verdad y dedicar todo tu ser a seguir valerosamente su elevada trayectoria.

👁 *Afirmaciones*

- Soy libre de escoger cómo me enfrento a mi vida.

- Siempre sé dónde ir, dónde quedarme y cuándo investigar más allá, así que honro la sabiduría intuitiva que me guía.

📝 *Preguntas de reflexión*

- ¿Qué parte de esta descripción de Sagitario resuena contigo? ¿Qué parte de ella te motiva?

- ¿Eres alguien que aporte optimismo, oportunidades, suerte y una disposición generosa a tus interacciones con otras personas?

- ¿Se te conoce por excederte en las cosas? ¿Se te conoce por ser capaz de hacer cosas que a otras personas les parecen imposibles? ¿Tienes tendencia a abarcar más de lo que puedes apretar? ¿Cómo te las arreglas cuando esto ocurre?

ASCENDENTE CAPRICORNIO

♑ �><

Con tu Ascendente en Capricornio, serás conocida por tu capacidad para darle utilidad a lo que tengas a tu disposición. Tu mascota es la mística cabra marina: la cabra escala alturas increíbles subiendo por caminos imposibles y el pez posee la destreza para cumplir con cualquier tarea. Te motiva llevar a cabo hazañas espectaculares y logros extraordinarios durante largos periodos de tiempo.

El agudo sentido de la ironía de Capricornio te permite aceptar la vida en sus propios términos. Imperturbable ante las modas pasajeras, tu Ascendente puede parecer gruñón y viejo ante el mundo. La adolescencia es una condicion incómoda para este signo gobernado por Saturno, a quien le va mucho mejor con los años. La juventud tiene muchas ventajas envidiables, pero el tiempo es un maestro sin igual.

A Capricornio lo que le importa es la clase de entrenamiento riguroso que exige una vida entera de aprendizaje y, con este Ascendente, serás conocida por tu habilidad para envejecer bien. Te motiva ir tras las perlas de sabiduría que nunca pierden su brillo. Nadie puede igualar tu capacidad de centrarte en una meta y alcanzarla. Capricornio no necesita comodidades para prosperar. Tampoco necesitas ningún trato especial, aunque no eres alguien que vaya a rechazar un premio, certificado o reconocimiento social por tu esfuerzo.

Nutrido por un fuego interno, tu Ascendente quiere que cumplas tus metas con una mezcla de profunda contemplación y un impulso inquebrantable por hacer las cosas. La cola de pez que viste la cabra marina apunta hacia las profundidades emocionales a las que tu signo ascendente te hará viajar. Los océanos simbolizan los antiguos reinos de la sabiduría. Conocida por tu contención emocional, generalmente necesitarás explorar tus propias vulnerabilidades en soledad. Tu Ascendente Capricornio rige sobre los huesos y la piel y medra cuando conoce las normas, los límites y las formas de una relación.

Al distorsionarse, Capricornio es un maestro de la restricción, del autoengaño, del rechazo de sí mismo y del martirio. Éste es un signo que necesita recordar cómo aceptar el amor, el placer y la bondad, especialmente cuando sienta que ha fallado en una tarea.

👁 *Afirmaciones*

- Estoy aquí para cumplir grandes tareas y experimentar mucho amor y afecto.

- Honro el tiempo que tardo en dominar lo que más me importa.

📝 *Preguntas de reflexión*

- ¿Qué parte de esta descripción de Capricornio resuena contigo? ¿Qué parte de ella te motiva?

- ¿Eres conocida por ser una persona madura y responsable? ¿Cuándo te ha parecido esto una carga o se ha aprovechado alguien de ello? ¿Cuándo te ha sido de ayuda?

- ¿Te pones a menudo límites y sientes que es necesario renunciar al placer o a lo que otros considerarían imprescindible? ¿Qué te ayuda eso a conseguir? ¿Qué te dificulta experimentar?

ASCENDENTE ACUARIO

A Acuario no le afecta la sensiblería. No es preso de la nostalgia. No lo engaña la adulación. Como signo fijo de aire, tiene notables dones intelectuales. Con este signo como Ascendente, serás conocida por tu capacidad para entender los sistemas en los que vives e innovar en ellos por el bien de todas las personas implicadas.

Con tu Ascendente en Acuario, no te bastará con seguir al rebaño. Te defines pensando por ti misma. Sin miedo a diferenciarte del grupo o a ser desterrada por tus ideas, tu Ascendente es consciente de las normas sociales, pero no le interesa complacer a la gente.

Como no llegas fácilmente a una conclusión, es difícil influir sobre ti. Gobernado por Saturno, Acuario es capaz de separar la realidad de la ficción. Los signos con este regente sienten un profundo respeto por la lógica, los límites y los sistemas. Quizá no te adhieras a ellas, pero tendrás un conocimiento minucioso de las reglas del juego.

Al querer ser conocida por tu claridad, seguridad y meditada perspectiva, tendrás que demostrar que no le tienes miedo a nada cuando te encuentres frente a la verdad o debas revelarla. El portador de agua del zodíaco derrama las libaciones de las que la humanidad está sedienta. Proteste o no el mundo, tu Ascendente Acuario es suficientemente resistente como para soportar cualquier represalia sin tomárselo como algo personal.

La naturaleza purificadora de las aguas de Acuario es la inteligencia creativa y universal encarnada. Aunque no es un signo de agua, Acuario rige sobre la circulación de la sangre en el cuerpo y sobre las muñecas. Como Saturno es su regente, a menudo esta circulación puede verse limitada, añadiendo una manifestación literal y física de la famosa frialdad de este signo.

Distorsionado, Acuario tiene una percepción clínica. Pero la lógica divorciada de la sabiduría del corazón sólo puede contener verdades a medias. Frío y emocionalmente distante, este signo puede encerrarse en una torre de marfil de protección intelectual, pero no debería subestimar la inteligencia emocional. Acuario debe aprender que las emociones tienen su propia genialidad y que nos guían hacia la verdad de una situación que la lógica no puede encontrar por sí sola.

👁 Afirmaciones

- Honro mi necesidad de ser reconocida por mi intelecto.

- La vulnerabilidad contiene su propia sabiduría.

📝 Preguntas de reflexión

- ¿Qué parte de esta descripción de Acuario resuena contigo? ¿Qué parte de ella te motiva?

- ¿Eres conocida por tu claridad intelectual? ¿Cómo te sirve esto? ¿Cómo te limita?

- ¿Te relacionas con el mundo queriendo entender los sistemas en que vivimos, cómo funcionar en ellos y cómo subvertirlos, reformarlos o innovarlos?

ASCENDENTE PISCIS

Quizá el más mutable de los signos, las aguas de Piscis no pueden ser contenidas. Quienes deseen utilizar sabiamente su energía no deberían intentar arrear a los peces que nadan a contracorriente. Quienquiera que intente controlarte, se encontrará con una inadvertida maestra de la defensa personal. A tu Ascendente Piscis lo motiva experimentar la vida, no controlarla o ser controlado por ella.

Al ser un signo de agua híbrido, tu Ascendente quiere moverse en todas direcciones, acumulando influencias de distintas fuentes y difundiendo tu energía de diferentes formas. A menudo, terminarás sintiéndote agotada. Uno de tus grandes desafíos será aprender a conservar tu fuerza vital y dirigirla hacia tu meta.

Piscis permea, se filtra, se propaga y se evapora sin dejar rastro. Probablemente serás conocida por tu capacidad para erosionar incluso a las personas, lugares y fronteras más estoicas y severas. Como las olas en las rocas, el impacto de tu Ascendente Piscis en otras personas se siente como una compasión, bondad y empatía interminables, del tipo que desgasta a aquellas personas que te rechazan sin un buen motivo. Eres una enfermera, curandera y médica nata y tu conocimiento del dolor y su cura (normalmente, la bondad) es un bálsamo con un sinfín de aplicaciones. Como artista o poeta, tu Ascendente Piscis sabe infundir cualquier medio de su creatividad, imaginación y cercanía emocional.

Gobernado por Júpiter, Piscis es fértil y generativo. Como signo de agua, está constantemente intuyendo las experiencias emocionales de los demás y, como tiene acceso a la cura, se siente obligado a abordar las heridas de aquellos que no están listos para sanar.

Al distorsionarse, tu Ascendente Piscis puede ganarte la reputación de ser una mártir sin límites personales, desestructurada y sin rumbo. Siendo encantadora para evadir tus responsabilidades, la simpatía de tu Ascendente puede ir en contra de tu necesidad de desarrollar disciplina. Piscis rige sobre los pies y tendrá que encontrar la forma de ponerlos en el suelo del mundo y no ceder ante la tentación de irse nadando.

👁 *Afirmaciones*

- Sigo la corriente sin dejar de honrar mis necesidades.

- Al verte a ti, soy más capaz de verme a mí misma.

📝 *Preguntas de reflexión*

- ¿Qué parte de esta descripción de Piscis resuena contigo? ¿Qué parte de ella te motiva?

- ¿Encuentras formas de huir de situaciones que te resultan incómodas, aburridas o abrumadoras? ¿Cómo te sirve esto? ¿Cómo te limita?

- ¿Tienes la habilidad, o eres propensa, a cambiar de forma dependiendo de la situación en que te encuentres? ¿Tiendes a perderte en los demás? ¿Eres demasiado propensa a absorber las emociones, los humores y los problemas de la gente a tu alrededor?

PLANETAS EN EL MISMO SIGNO QUE TU ASCENDENTE
¿QUIÉN ESTÁ INFLUYENDO EN TU MOTIVACIÓN EN LA VIDA?

¿Tienes algún planeta en el mismo signo que tu Ascendente?

Además de entender el sentido e implicaciones de tu signo ascendente, comprender la naturaleza de cualquier planeta que esté presente en tu casa I es también importante cuando intentas desentrañar tu motivación en la vida y aquello por lo que quieres ser reconocida. Esto se debe a que el Ascendente está en —y es sinónimo con— la casa I.

Esta casa es la única de la carta natal dedicada exclusivamente a ti. Es la casa del cuerpo, el ego, la apariencia y la identidad. Por lo tanto, cualquier planeta en ella estará entretejido con tu personalidad de forma tan íntima como obvia.

En general, los planetas en la casa I tendrán fuerza de más y un impacto importante en cómo te expresas. No todo el mundo tiene planetas en esta casa y, si tú no los tienes, no te preocupes. No es raro ni inusual encontrar casas sin ellos. De hecho, es imposible que haya un planeta en cada casa. Si los tienes, recuerda que su impacto es enorme en tu identidad, apariencia, manerismos y experiencia física.

Por ejemplo, si tienes un Ascendente Sagitario, amante de la diversión, movido por la fe y el optimismo, pero también hay un severo y majestuoso Saturno junto a él en la casa I, esto cambiará la naturaleza de cómo expresarás tu signo ascendente. Ya no será un Ascendente Sagitario soltado en el mundo en su estado crudo y extremo, sino que, por decirlo de alguna forma, tendrá que pasar primero por el filtro de Saturno. Con esta combinación, aún querrás ser reconocida como una persona inspirada y enfocada a la acción (Sagitario), pero también como una persona disciplinada, responsable y autónoma (Saturno). Este planeta en la casa I es reservado. El Ascendente Sagitario es de todo menos eso. Por lo tanto, Saturno en Sagitario en la casa I debe encontrar una forma de inspirar a los demás, demostrar su capacidad para actuar intuitivamente y mostrarse como alguien que hace todo esto con mucha disciplina.

Cada planeta en la casa I competirá por el control sobre cómo te expresas. Si tienes más de uno, verás que debes hacer malabares con gran cantidad de paradojas en tu personalidad.

En general, cualquier planeta en esta casa será una parte

activa de tu experiencia vital. Cuantos más grados de cercanía tenga con tu Ascendente (especialmente a menos de 3º), más activo estará en tu vida.

Las cartas astrales, como los humanos y las situaciones que representan, son paradojas. Puedes tener un Ascendente Libra con Marte en Libra en la casa I. ¿Cómo mantienes la paz e inicias relaciones (Ascendente Libra) siendo al mismo tiempo una guerrera independiente (Marte en la casa I)?

Éste es el problema de ser humano.

La doctora Angelou tenía a Neptuno en la casa I. Éste es el planeta de la trascendencia, el escapismo, el idealismo y la fantasía. Neptuno en esta casa puede darle a la persona con esta distribución cierto aire místico. Cualquier planeta en la casa I de alguien se mostrará prominentemente en su vida, queriendo ser expresado a través del «yo» (casa I). En este caso, Neptuno influyó en la manera en que el Ascendente Leo de la doctora Angelou se expresó, dándole una cualidad etérea a la imagen que proyectaba.

Como Neptuno erosiona las barreras que inhiben las conexiones, podemos sopesar cómo puede haber ayudado al trabajo y a la personalidad de la doctora Angelou a resonar con tanta gente. Sus novelas autobiográficas son conmovedoras, atemporales y están llenas de profundidad y significado, pero a menudo eran criticadas por no ser siempre cronológicamente correctas. Alguien con Neptuno en la casa I puede estar más preocupada por dejar la impresión, la visión o el sentimiento adecuados que por ser peciso con las fechas, horas y detalles.

 Ahora es el momento de elegir tu propia aventura. Si tienes algún planeta en la casa I, por favor, salta hasta la sección para leer sobre él o ellos. Si no hay planetas en tu casa I, avanza hasta la siguiente sección para leer sobre el planeta que rige sobre tu Ascendente.

¿QUIÉN ESTÁ INFLUYENDO EN TU MOTIVACIÓN EN LA VIDA?

¿Tienes algún planeta en el mismo signo que tu Ascendente?

SOL EN LA CASA I

El Sol en la casa I te brindará una personalidad especialmente vibrante y facilidad para brillar. Debes vivir tu propósito de vida siendo tú misma y convirtiéndote en una maestra de la autoexpresión. Que tu Sol esté aquí significa que naciste alrededor del amanecer, que tienes el mismo signo solar y signo ascendente y que tu personalidad trae consigo la energía del alba.

✍️ Preguntas de reflexión

- ¿Te sientes especialmente motivada por la autoexpresión? ¿Cómo se manifiesta esto en tu vida? ¿Cómo te gustaría que lo hiciera?

- ¿Te dicen a menudo que tienes una imagen o una personalidad fuertes? ¿Cómo te hace sentir esto?

- ¿Eres muy enérgica o fuerte físicamente? ¿Qué consigues gracias a esto?

LUNA EN LA CASA I

La Luna en la casa I le dará a tu vida un extra de sensibilidad, volubilidad y, posiblemente, emotividad. Ser la personificación de la Luna significa estar en cambio constante. Como la Luna es una superficie reflectante, puedes tener la habilidad de espejar a otras personas; una cualidad casi siempre irresistible. Todo el mundo anhela sentirse reflejado, visto y reconocido. Que tu Luna esté en la casa I te ayuda a conectarte con los demás por medio de sus reflejos.

📝 Preguntas de reflexión

- ¿Tiendes a ser conocida como alguien emocionalmente receptiva, empática, sensible y voluble? ¿Qué te ayudan estas cualidades a conseguir en la vida? ¿Qué te dificultan a veces?

- ¿Has notado que tu humor tiene un fuerte impacto en tu energía física? ¿Qué te ayuda a navegar tus sentimientos más difíciles?

- ¿Tienden la forma de tu cuerpo o tu estilo a fluctuar mucho? ¿Puedes apreciar estos cambios de la misma forma en que aprecias las diferentes fases de la Luna?

MERCURIO EN LA CASA I

Mercurio no sólo está bien situado en la casa I por el hecho de estar ahí, sino que está doblemente bendecido porque éste es su lugar de gozo. Mercurio en la casa I hará que la comunicación y los intercambios con las demás personas sean centrales para tu identidad.

✒ *Preguntas de reflexión*

- ¿Son escribir, comunicar, enseñar, aprender o las artes mágicas una parte importante de tu identidad o por lo que eres conocida? ¿Cuál de estas artes se te da particularmente bien? ¿Cuándo te diste cuenta por primera vez de esto?

- ¿Tiendes a consumir mucha información? ¿Tienes una mente aguda? ¿Posees la capacidad de comunicar con mucha claridad? ¿Qué haces con estos talentos?

- ¿Es tu estilo propenso al cambio? ¿A menudo la gente no te reconoce de un día al otro? ¿A qué te da acceso tu versatilidad?

VENUS EN LA CASA I

Venus en la casa I promoverá una actitud agradable que se centrará en atraer lo que quiere y necesita a través de su elegancia, belleza y creatividad. El trabajo principal de este planeta es el de juntarse con otras personas de forma agradable y armoniosa, así que esto se convertirá en parte de tu personalidad y objetivo. Venus en la casa I es una bendición y su única desventaja potencial puede ser la incapacidad para pedir lo que necesitas por miedo a molestar a las demás personas.

Preguntas de reflexión

- ¿Estás motivada para crear conexiones, belleza y amor? ¿Cómo lo haces?

- ¿Se te conoce por ser accesible? ¿Qué te aporta esto? ¿Cuándo tiende a sobrecargarte? ¿Te cuesta rechazar a la gente?

- ¿Tiendes a gustarle a la gente sin tener que esforzarte mucho? ¿Atraes a menudo la atención, la quieras o no? ¿Qué dificulta esto en tu vida? ¿En qué te ayuda?

MARTE EN LA CASA I

Con Marte en la casa I, serás conocida como alguien que necesita luchar, con o sin causa. Esta posición es algo más fácil para aquellas personas animadas a ser valientes, desafiantes y orientadas a la acción. Los atributos positivos de Marte tienen aquí la oportunidad de prosperar si has sido alabada por tu independencia. El valor reina indiscutido si tienes este planeta en la casa I. Marte es el guerrero, y un guerrero respetado funciona de forma distinta a uno que ha sido malentendido o, peor, condenado por su espíritu combativo. Cuando Marte se da de bruces contra una dificultad (por ejemplo, está en un signo difícil o tiene un aspecto complicado con Saturno), encuentra fácilmente las disputas y le cuesta dar con su remedio, convirtiendo tu vida en una lección de resolución de conflictos. Marte en la casa I también puede significar que tienes algún tipo de inflamación en el cuerpo que debe ser temperada, enfriada y calmada.

Preguntas de reflexión

- ¿Eres conocida por tomar riesgos? ¿Qué significa esta reputación para ti? ¿Cómo te sientes cuando no hay ningún riesgo apropiado que tomar?

- ¿Cuanto más puedes actuar, más motivada estás? ¿Qué te motiva normalmente a entrar en acción?

- ¿Te sientes atraída a hacer lo que otras personas consideran valiente? ¿Resulta esto a veces en que te reprendan por ser divisiva u obstinada? ¿Qué haces con estas opiniones?

JÚPITER EN LA CASA I

♃

En la casa I, Júpier magnificará tu impacto en el mundo. Júpiter es grande. Se deja ver. En esta casa, te brindará sus mismas propiedades. Es un planeta que multiplica todo lo que toca. Cuando está en la casa I, puede darte un optimismo imparable o hambre por la vida. Esto puede granjearte la reputación de tener un físico prominente, una risa atronadora, un alma generosa, una tendencia espiritual y una abundancia u opulencia que te preceden. Júpiter puede ser bastante excesivo y, en esta casa, crear el deseo de grandes cantidades de lo que sea que te interese.

Preguntas de reflexión

- ¿Eres conocida por tu generosidad? ¿Qué sientes que te aporta, te enseña o a qué crees que te abre esto?

- ¿Tiendes a llevar contigo un sentido abundante de buena voluntad, creando tu propia suerte allá dónde vayas? ¿Dónde aprendiste a hacer esto? ¿Qué has aprendido haciéndolo?

- ¿Eres conocida por tu erudición o interés en curar, la medicina o las tradiciones de conocimientos? ¿Qué haces con estos talentos?

- ¿Te sientes empujada a manifestar abundancia en el mundo? ¿Qué clase de abundancia? ¿Qué te hace sentir más abundante?

SATURNO EN LA CASA I

♄

Que Saturno esté en la casa I es complicado porque significa que se te pide que encarnes el planeta de los límites, la disciplina y el rechazo. Por descontado, Saturno puede ofrecerte profesionalidad, madurez y un deseo de desarrollarte hasta ser alguien notable, pero también puede llevarte a desestimar lo que te aporta alegría y abundancia. Como la casa I es el cuerpo, Saturno en este lugar puede frenarte, inhibir tus movimientos o crear rigidez en ti. Las responsabilidades pueden sentirse más como una carga que como un trampolín hacia el desarrollo (al menos al principio). Saturno en la casa I puede darle a tu personalidad o apariencia un cierto estilo o tono austero, serio, remoto y frío. Aquí, Saturno quiere ayudarte a aprender autocontrol, honrando la edad y la sabiduría que trae consigo.

📝 *Preguntas de reflexión*

- ¿Tiendes a sentir opresión en tu cuerpo o tensión en tus músculos? ¿Qué te ayuda a relajarlos?

- ¿Le dices a menudo que no a la gente? ¿Sientes que tienes más responsabilidades de las que te corresponden o te sientes empujada a marcar límites con las demás personas? ¿De qué forma esto se vuelve agotador o una carga para ti?

- ¿Te motiva volverte una maestra en lo que haces? ¿Cómo? ¿Trabajas duro para desarrollar tu autoridad? ¿Qué se interpone en tu camino cuando intentas hacerlo?

Los planetas modernos

Recuerda que Urano, Neptuno y Plutón no rigen ningún signo en la astrología tradicional y, por lo tanto, no están «bien» o «mal» en ningún signo en particular. Son extremos, pero no tan individualmente relevantes. Estos planetas se mueven tan despacio que generaciones enteras de personas con el mismo signo ascendente tendrán estos planetas exteriores en la casa I.

URANO EN LA CASA I

♅

En la casa I, Urano es un nido de inconformismo. Te vuelve algo más alborotadora, eccéntrica y eléctrica. Urano es una influencia emocionante porque nunca sabes qué será lo siguiente que cambie. Debes encontrar formas de dirigir tu energía para que puedas revolucionar efectivamente lo que se ha quedado anticuado y necesita innovación.

📝 *Preguntas de reflexión*

- ¿Estás motivada para revolucionar sistemas que te parecen ilógicos? ¿Qué tiende a ocurrir como resultado?

- ¿Eres o has sido una persona que es (o es percibida como) una rebelde sin causa? ¿Qué ha implicado esto para tu percepción de ti misma?

- ¿Eres capaz de cambiar el rumbo de tu vida, tomar grandes riesgos o reinventarte de la nada? Escribe sobre algunas de las veces en que lo has hecho. ¿Para qué han dejado espacio estos cambios?

- ¿Sienten los demás que este aspecto de ti es emocionante, vigorizante o inquietante (especialmente si es gente que necesita consistencia y seguir las normas sociales)? ¿Cómo acostumbras a gestionar estas opiniones?

NEPTUNO EN LA CASA I

Que Neptuno esté en tu casa I te brinda la capacidad de conectar con mucha gente. Este planeta vuelve porosos los límites y puede erosionar los tuyos propios. Puede infundir tu personalidad de una increíble imaginación y la habilidad de metamorfosearte y ser muchas cosas para mucha gente. Con Neptuno aquí, puedes perderte con facilidad en las fantasías que otras personas tienen de ti. A menudo sobrepasado por las necesidades y emociones de los demás, Neptuno en la casa I puede requerir que aprendas a marcar tus límites personales. Este planeta puede darte una naturaleza glamurosa y extraordinaria, lo que aumentará la fascinación que la gente siente por ti.

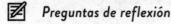 *Preguntas de reflexión*

- ¿Eres conocida por tu presencia compasiva, tu sentido innato para saber por lo que otros están pasando y tu habilidad para unirte o encajar con quienes tienes a tu alrededor? ¿Cuál de estos atributos te es útil? ¿Qué parte de ellos te complica las cosas?

- ¿Te dificulta a veces tu versatilidad saber qué quieres o, en algún momento de tu vida, quién eres? Describe un par de estas situaciones.

- ¿Te centran y te ayudan a poner los pies en la tierra la creatividad, la espiritualidad y ser útil para los demás? ¿En qué faceta de tu vida estás haciendo esto de una manera que te haga sentir revitalizada?

PLUTÓN EN LA CASA I

En la casa I, Plutón te brinda profundidad e intensidad personal. Este planeta tiene el potencial de crear rasgos obsesivos de personalidad que pueden ser enfocados hacia estudios pormenorizados, la investigación y el uso del poder personal propio para el bien. Plutón quiere zambullirse en las profundidades de la vida y, con este planeta en la casa I, pueden hacerte falta actividades que traigan consigo varias experiencias transformadoras.

Preguntas de reflexión

- ¿Eres conocida como alguien que se está reinventando constantemente? ¿Qué da comienzo a estas transformaciones?

- ¿Eres conocida como una persona poderosa? ¿Cómo canalizas tu poder para provocar un cambio positivo en el mundo?

- ¿Eres alguien junto a quien otras personas hayan tenido experiencias poderosas, catárticas y, probablemente, sanadoras? ¿Sientes que la gente está contigo el tiempo que necesita para curarse y después se va? ¿Sientes que los demás se apoyan en ti en busca de fuerza en lugar de trabajar duro para desarrollar la suya propia? ¿Qué te han enseñado estas experiencias sobre cuidar de ti misma?

- ¿Tiendes a atraer a gente influyente? ¿Has vivido varias experiencias extremas como resultado? Escribe sobre un par de ellas.

EL PLANETA QUE RIGE TU ASCENDENTE
¿QUIÉN ES EL TIMONEL
DEL BARCO DE TU VIDA?

¿Qué planeta rige tu Ascendente?

Si queremos descubrir en qué clase de viaje debemos embarcarnos para sentir que estamos viviendo nuestro propósito de vida, debemos saber qué planeta rige nuestro Ascendente. El planeta que rige sobre tu signo ascendente es el que encamina la dirección de tu vida en un sentido u otro.

Cada planeta tiene un trabajo específico asignado: el Sol es la autoexpresión, la Luna refleja y exterioriza las emociones, Mercurio comunica, Venus crea belleza y construye relaciones, Marte defiende y protege, Júpiter expande a través del optimismo y Saturno construye estructuras y fija límites.

Si queremos conocer la naturaleza, la energía y el énfasis del deseo impulsor de nuestra vida, debemos preguntárselo al planeta que rige nuestro Ascendente. Si queremos saber qué desafíos y bendiciones nos esperan por el camino, este planeta señalará lo que no debemos ignorar.

Hay quien tiene un regente de su Ascendente —un timonel— eficiente, empoderado y capaz de hacer avanzar su vida (como un planeta en un signo, le va mejor en su domicilio o exaltación); otras personas, tienen un timonel en una situacion más complicada que las llevará por caminos distintos, que serán tanto distracciones como importantes desviaciones (como un planeta en un signo, debe luchar en su detrimento o caída). El timonel también puede estar en un signo bastante neutral (cualquier signo que no sea su domicilio, detrimento, exaltación o caída) que operará según la naturaleza del signo en que se encuentre.

En este capítulo, detallo cada planeta en su domicilio, detrimento, exaltación y caída. Es importante conocer la tendencia del regente de tu Ascendente. ¿Se desvía? ¿Está especialmente empoderado y es, quizá, algo extremo? ¿Te ayudará a obtener notoriedad por su especialidad? O, por el contrario, ¿le costará funcionar según el estilo del signo en que se encuentra? Como esta guía será bastante detallada, puedes aplicar su información a cualquier otro planeta de tu carta natal. Por ejemplo, si tienes a Venus en Piscis, su signo de exaltación, pero no es el regente de tu Ascendente, la información que encontrarás sobre esta posición puede seguir siéndote útil.

Tanto la doctora Maya Angelou como Frida Kahlo tienen un Ascendente Leo, así que el Sol rige sus Ascendentes. Cuando el Sol (o la Luna) es también el regente del Ascendente, el énfasis de esa luminaria es notable. Como hemos aprendido, la importancia tanto del Sol como de la Luna no debe ser subestimada y, cuando uno de ellos es también el regente del Ascendente, está haciendo el doble de trabajo.

Con el Sol rigiendo sobre sus Ascendentes, sabemos que cómo brillaban (en qué signo estaba el Sol en el momento de su nacimiento) no era sólo importante para saber cómo vivían su propósito (el Sol), sino que también apuntaba hacia la dirección en la que estaba encaminada su vida (el regente del Ascendente).

Como el regente del Ascendente de la doctora Angelou, el Sol, estaba en Aries (valiente y atrevido), el signo de su exaltación, fue bendecida con un timonel capaz de hacer su trabajo eficientemente, incluso logrando que obtuviera fama y reconocimiento. El Sol de Kahlo estaba en un signo neutro, Cáncer, así que dirigió su vida de forma emotiva, empática y sensible. Como el Sol no es ni fuerte ni está entorpecido en Cáncer, hay que observar otros factores para determinar cuán fácil o complicado sería que viviese su propósito de vida: en particular, la casa en la que está el regente del Ascendente y sus aspectos con otros planetas.

 Ahora es el momento de elegir tu propia aventura. Por favor, salta hasta el planeta que rige tu signo ascendente.

EL SOL COMO REGENTE (ASCENDENTE LEO)

Si tienes un Ascendente Leo, el Sol es su regente. Esto hace que sólo tengas que centrarte en dos planetas (el Sol y la Luna) en lugar de en tres (el Sol, la Luna y un tercer planeta que rige tu Ascendente).

Cuando el Sol rige tu Ascendente, tu vida se enfoca hacia el desarrollo de tu sentido del «yo» y pone especial énfasis en la casa en que vive tu Sol y el área de la vida que ha venido a iluminar. Con el Sol como regente de tu Ascendente, la forma en que te expresas, demuestras tu valor y rebosas confianza en ti misma es un tema central de tu historia y de tu capacidad para vivir tu propósito de vida. Cualquiera que sea el signo en que esté el Sol, revelará tu estilo para hacer lo que sea que hagas. Para más información sobre el signo en que se encuentra tu Sol, por favor, relee la descripción de tu signo solar.

 Preguntas de reflexión

- Con el Sol como regente de tu Ascendente, ¿qué has descubierto sobre tu energía cuando empleas tiempo y recursos en desarrollar tu sentido del «yo»?

- ¿Cómo impacta positivamente, o se relaciona íntimamente, el desarrollo de tu sentido del «yo» con tu propósito de vida?

- ¿En qué aspecto de tu vida tienes más ganas de poder brillar?

- ¿Qué eres capaz de dar mejor cuando te sientes reconocida, vista o alabada?

LA LUNA COMO REGENTE
(ASCENDENTE CÁNCER)

Si tienes un Ascendente Cáncer, la Luna es su regente. En cierto modo, esto facilita un poco tu trabajo, pues sólo tienes que centrarte en dos planetas (el Sol y la Luna) en lugar de en tres (el Sol, la Luna y un tercer planeta que rige tu Ascendente).

Cuando la Luna es el regente de tu Ascendente, tu vida se enfoca en ser capaz de reflejar, exteriorizar las emociones, cuidar, construir vínculos y encontrar formas de encarnar el poder de tu propósito de vida en todo lo que haces. La Luna refleja el brillo del propósito de tu alma (el Sol) a través de pequeños rituales diarios, actividades y logros mundanos. Encontrar la manera de manifestar tu potencial en este mundo, poco a poco, honra la potencia, el impacto y el poder de la dirección de tu vida.

Como regente de tu Ascendente, la Luna enfocará tu vida hacia las conexiones, los vínculos familiares, los rituales diarios y espirituales y las prácticas que te ayudan a regenerar tu energía. El signo en que se encuentre tu Luna te revelará el estilo específico en que vivirás tu propósito de vida. Para más información sobre el signo en que se encuentra tu Luna, por favor, relee la descripción de tu signo lunar.

✒️ Preguntas de reflexión

- ¿En qué aspecto de tu vida es reflejar las emociones una parte integral de tu éxito?

- ¿Qué has notado que los demás te piden que les reflejes a menudo?

- ¿Cómo te sientes cuando puedes ayudar a otros?

- ¿Cómo está relacionado tu éxito con ser capaz de trabajar tus propias emociones? ¿Cómo está relacionado tu éxito con ser capaz de ayudar a otras personas a ver y gestionar sus propias emociones? ¿Cómo ayudas a las demás personas y a ti misma a estar más conectadas con sus cuerpos?

MERCURIO COMO REGENTE (ASCENDENTE GÉMINIS, ASCENDENTE VIRGO)

☿ ⊕

Cuando Mercurio rige sobre tu Ascendente, tu vida se enfoca en comunicar, aprender, distribuir, facilitar y entregar la información que más te importa. El signo en que se encuentre Mercurio revelará el estilo concreto en que harás esto.

Puedes honrar a Mercurio asegurándote de que tienes tantas cosas interesantes que aprender como que enseñar. Éste es un planeta de dualidad: honra esto dando y tomando toda la información que descubras.

El signo en que se encuentre Mercurio en tu carta natal revelará el estilo específico en que avanzar hacia el objetivo principal de tu vida. Recuerda que no todos los planetas tienen la misma claridad, fuerza o capacidades en cada signo. Debes saber cuán bien puede hacer su trabajo el planeta que hace de timonel del barco de tu vida.

A continuación, tienes la descripción de Mercurio en cada signo. Por favor, lee la descripción de tu Mercurio y contesta cualquiera de las preguntas que resuenen contigo.

Cómoda y en casa: *Mercurio en Géminis o Virgo*

Si el regente de tu Ascendente es Mercurio y se encuentra en Géminis o Virgo, le será fácil ser el timonel de tu vida porque está en casa (su domicilio) en ambos signos. La moneda de Mercurio es el conocimiento. En Géminis y Virgo, este planeta tiene una fuerza increíble y, en muchos casos, es extremo en sus habilidades intelectuales y objetivos. Esto es «bueno», pero no hará que tu vida sea fácil *per se*. Hará, sin embargo, más obvios tus talentos.

MERCURIO EN GÉMINIS

En Géminis, su casa en un signo de aire, Mercurio se centra en descubrir cuál es la mejor manera de acumular, interpretar y distribuir conocimiento. Utilizando los datos de los que dispone, este planeta ofrece una corriente de información sin filtro. Hacer llegar el mensaje a gran velocidad le importa más que comprobar lo que está diciendo. Mercurio en Géminis es hablador. Capaz de dar y recibir información sin lastrarse demasiado con su impacto emocional. Sencillamente, quiere acumularla y dispersarla.

MERCURIO EN VIRGO

En Virgo, su casa en un signo de tierra, Mercurio analiza, categoriza e integra información. Aquí, Mercurio está tanto en su domicilio como exaltado (es el único planeta que tiene ambas dignidades en un mismo signo). Obsesionado con organizar y utilizar la información de la que dispone, a Mercurio como regente de Virgo le preocupa más corregir la información que ha reunido que amasar todavía más (como haría en Géminis). Mercurio en Virgo enfoca las cosas reflexivamente. Conscientemente. Críticamente. Con exactitud. De forma extremadamente analítica. Le importa la digestión, asimilación e integración del conocimiento. La correcta disposición y categorización de lo que recoge. Es la precisión personificada.

Magia y caos: **Mercurio en Sagitario o Piscis**

Mercurio tiene dificultades en Sagitario (donde está en detrimento) y en Piscis (su caída), pues a ambos signos les interesa más el cuadro terminado que los trazos individuales necesarios para pintarlo. Si Mercurio es el regente de tu signo ascendente y está en Sagitario o Piscis, ¡no desesperes! Aprende qué te pierde a veces en tu camino. Recuerda que los desafíos en tu carta natal son los aspectos de ti que más necesitas desarrollar y atender. Hacer esto a menudo te dará las habilidades necesarias para ayudarte a avanzar a increíbles zancadas.

MERCURIO EN SAGITARIO

Mercurio en Sagitario está en detrimento, lo que significa que tiene que funcionar en un estilo que le es ajeno. Aunque Sagitario vaya en busca de la verdad definitiva, puede perderse muchos detalles, hechos y conocimientos fundamentales que necesita. Mercurio en Sagitario ama embarcarse en grandes aventuras hacia tierras distantes, pero ¿dispone del tiempo, la energía y los recursos necesarios para completar su tarea? Por el camino, Mercurio descubre todo tipo de ideas interesantes, pero puede a menudo abrumarse con el increíble volumen de información que adquiere. Sagitario siempre va a lo grande. Si se lo permites, Mercurio en Sagitario se pasará el día escupiéndote información. Te llevará en grandes aventuras informativas. Irá más lejos de lo necesario, lo que a menudo significará que habrá dado media vuelta al mundo cuando sólo necesitaba llegar hasta la esquina. Si tu signo ascendente está en Géminis o Virgo y tu Mercurio en Sagitario, será importante que aprendas a mantener el rumbo, cumpliendo con las tareas más inmediatas para no gastar demasiados recursos.

MERCURIO EN PISCIS

Mercurio en Piscis está en caída, lo que significa que tiene dificultades para ser reconocido, apreciado o valorado por el trabajo que debe llevar a cabo. Los planetas en caída se parecen a la gente desacreditada. Mercurio en Piscis no será necesariamente conocido por su claridad. Piscis tiende a lo poético. A lo no lineal. A lo no binario. A lo impresionista. A los sentimientos. A lo etéreo. Aquí, a Mercurio puede costarle recopilar hechos, pues estos no serán necesariamente interesantes para él. Para esta combinación, algo no tiene por qué ser necesariamente cierto para ser correcto. Piscis es un signo que vive en su propia realidad, creando mundos dentro de otros mundos. Aquí, a Mercurio puede costarle mantener la concentración, pero siempre encontrará algo interesante que llevarse nadando. Si Mercurio es el regente de tu signo ascendente y está en Piscis, tendrás que encontrar formas de canalizar tu creatividad y dirigir tu energía hacia tu objetivo. Piscis quiere que vayas hacia todas partes al mismo tiempo y, como el planeta que lleva el timón de tu vida, puede convertir en un reto enfocar tu energía y atención hacia una sola cosa. Puedes necesitar perseguir varios objetivos, pero cuídate de gastar toda tu energía en distracciones.

Mercurio en el resto de signos

Mercurio en Aries (audaz y explícito), Tauro (lento y firme), Cáncer (sensible e intuitivo), Leo (drámatico y revelador), Libra (imparcial y justo), Escorpio (profundo y psicológicamente penetrante), Capricornio (pragmático y estratégico) y Acuario (lógico y concienzudo) es bastante neutral. Mercurio no es particularmente débil o fuerte en ninguno de estos signos. Por supuesto, en cualquiera de ellos, Mercurio dará y recibirá información en base a su estilo. Por ejemplo, Mercurio en Aries como regente de tu signo ascendente dirigirá tu vida con un estilo independiente y te hará hablar con atrevimiento.

Preguntas de reflexión

- ¿Sobre qué estás comunicando cuando te sientes más viva, motivada o decidida en la vida?

- ¿A qué te ha abierto enseñar, escribir o distribuir información respecto a la dirección de tu vida?

- ¿Qué te sientes atraída a aprender? ¿Te das permiso para hacerlo? ¿Te tomas en serio tu necesidad de aprender?

- ¿Qué eres una experta vendiendo? ¿Qué te ayuda esto a conseguir?

- ¿Está tu Mercurio en un signo fuerte, desafiante o neutral? ¿Cómo explica el estilo del signo en que se encuetra tu Mercurio las formas en que avanzas en tu vida?

VENUS COMO REGENTE (ASCENDENTE LIBRA, ASCENDENTE TAURO)

Si tu Ascendente es Libra o Tauro, Venus es su regente. Cuando Venus rige sobre tu Ascendente, la dirección de tu vida está en manos del planeta que busca amor, belleza y placer. El sentir de tu Sol o Luna puede ir en contra de los deseos de Venus, pero si el planeta del amor y de la conexión es el timonel del barco de tu vida, tendrás que encontrar formas de complacerlo.

Honras a Venus cuando vas tras el placer, la belleza y la creación de vínculos. El signo en que se encuentre este planeta te dirá cuál es el estilo específico en que persigues estas cosas y, en definitiva, sientes que te expresas con plenitud. Como todos los planetas, a Venus le va especialmente bien en ciertos signos, tiene dificultades en otros y es bastante neutral en el resto.

A continuación tienes la descripción de Venus en cada signo. Por favor, lee la descripción de tu Venus y contesta cualquiera de las preguntas que resuenen contigo.

Placer y prosperidad: *Venus en Tauro o Libra*

Venus en Tauro o Libra tiene el poder de sus recursos a su disposición. Venus está en casa (domicilio) en Tauro y en Libra. Aquí, tenderá a brindarte la capacidad de conectarte con otras personas como medio para cumplir con tu propósito de vida. Un Venus fuerte también podrá juntar varios elementos distintos para crear una experiencia armoniosa, cómoda y placentera. El arte, la belleza y la decoración son talentos innatos a Venus en estos signos.

VENUS EN TAURO

En Tauro, Venus como regente de tu Ascendente se verá empujado a plantar jardines de abundancia generativa para amigos, amantes, colegas y el mundo en general. Venus en Tauro cautiva a quienes ama con placeres sensuales innegablemente saciantes. Con el regente de tu Ascendente en uno de sus propios signos, la orientación de tu vida es clara y concisa: contruir a través de relaciones, arte, belleza y placer. Si Venus y sus significantes de placer, deleite y belleza no forman parte de cómo te desenvuelves en la vida, apenas hallarás satisfacción en ella. Como todos los planetas en su propio signo, Venus en Tauro tiende a ser extremo, pues nada se lo impide. Puedes estar cómoda rodeada de facilidades y tenderá a costarte espabilarte para entrar en acción.

VENUS EN LIBRA

En Libra, Venus es un maestro en el arte de iniciar relaciones. Con esta distribución, debes seguir el camino de tu vida siendo el alma de la fiesta con la capacidad de conectar hasta con la más melancólica de las almas. Cuando quieres, sabes cómo hacer que nadie se sienta invisible.

Las relaciones, el arte, la belleza, el amor, los vínculos y la expresión de las energías creativas y eróticas pueden convertirse en el centro de tu mundo (a menudo, sin que te des cuenta) y tenderán a eclipsar otros aspectos de tu vida. Acostumbramos a dar por sentadas nuestras fortalezas o permitimos que otras personas lo hagan. Venus en Libra es tan sociable y está tan interesado en complacer que, como regente de tu Ascendente, puede dirigir tu vida sólo hacia lo que resulta fácil.

Regalo de la Diosa: *Venus exaltado en Piscis*

En Piscis, Venus está exaltado y atraerá todo tipo de conexiones. Esta posición es fuerte y, como regente de tu Ascendente, le brindará a tu camino prosperidad, suerte o la capacidad de atraer lo que necesites cuando lo necesites, normalmente a través de tu relación con las demás personas.

Como todos los planetas exaltados, Venus en Piscis obtendrá algún tipo de reconocimiento o fama debido a los atributos propios de este planeta.

Puedes experimentar frenesí a tu alrededor. Aquellos que tengan profundas heridas relacionales harán de ti su salvadora, objeto de afecto u obsesión. Puedes sentir la necesidad de dar lo que tengas si, para empezar, no te hizo falta trabajar para conseguirlo. Al sentirte confusa por no saber por qué tienes este poder, puede costarte marcar límites en tus relaciones. Pero, una vez que lo hagas, puedes utilizar este poder curativo, compasivo y creativo para alcanzar increíbles metas.

Atracción intensa: **Venus en Aries o Escorpio**

Venus está en detrimento tanto en Aries como en Escorpio. Aquí, este planeta debe controlar la dirección de tu vida en condiciones que siente opuestas a su naturaleza. Esto crea una tensión natural que exige un esfuerzo extra por su parte. Como un capitán en una tormenta en altamar, Venus está dirigiendo tu vida en una situación comprometida. Esto puede significar que no será cómodo llegar a tu destino, pero también que el camino será de todo menos aburrido. Puedes ser alguien que transgrede las normas de género y que va a contracorriente en el área de la vida que impacta (tanto la casa en la que está como sobre las que rige). Venus en detrimento puede experimentar dificultades para construir y mantener relaciones, pero, más allá de esto, es importante recordar que los planetas en detrimento tienden a trabajar más duro que aquellos que se encuentran en su domicilio. Así que, aunque las cosas puedan no venirte dadas, tu esfuerzo y colaboración en cumplir con tu propósito de vida terminarán por abrir las puertas que necesitas.

VENUS EN ARIES

Como Aries es un signo al que le gusta la acción y que hace las cosas en caliente, Venus en este signo puede tender, al menos en sus primeros años, a quemar las relaciones a gran velocidad. Lo que este planeta en Aries necesita es un desafío en sus facetas romántica o creativa. Como regente de tu Ascendente, esto puede filtrarse en los temas centrales del camino y de tu propósito de vida. También puede aparecer el concepto de ser distinta a lo que la sociedad espera de ti. Existe cierta terquedad en esta posición que es audaz y valerosa en su estilo. Puedes necesitar reconciliarte con ser quien desafiará el *statu quo*. Tu trabajo es centrar esa energía hacia un fin positivo para ti. Aries causa el conflicto y Venus quiere placer. El sexo requiere fricción, igual que muchos aspectos importantes de la creatividad. Mientras no reprimas tu energía, ira o deseo, esta posición puede convertirte en una líder perspicaz, pero, si niegas su poder y tu necesidad de un poco de estrés sano, las tendencias destructivas de esta posición pueden dejarte hecha polvo.

VENUS EN ESCORPIO

Venus en Escorpio es famoso por desear conexiones intensas cuya profundidad sólo pueden apreciar unos pocos. Con Venus en Escorpio como regente de tu Ascendente, parte del camino de tu vida puede consistir en experimentar este tipo de enredos emocionales o en aprender a canalizar en proyectos creativos y asociaciones el deseo obsesivo que esta distribución simboliza. A esta posición no le gustan las conversaciones triviales y, como regente de tu Ascendente, dirige tu vida hacia actividades de investigación, profundas, penetrantes y transformadoras. Venus en Escorpio puede representar una experiencia de tu género opuesta a lo que el mundo espera de ti. Puedes tener un entendimiento innato del sufrimiento que el género binario o la violencia de género provocan, cosa que puede aparecer en tu trabajo y en tu activismo en el mundo. Cuando tu Ascendente está gobernado por un planeta en detrimento, a menudo sentirás que te tienes que esforzar mucho más para desarrollarte, pero el esfuerzo riguroso trae consigo grandes recompensas. Si tienes a Venus en detrimento, fíjate en lo que te ha obligado a desarrollar en todos los aspectos del amor y las conexiones.

La damisela de los detalles: **Venus en Virgo**

En Virgo, Venus se encuentra en un lugar donde se le ha arrebatado la capacidad de disfrutar del placer por el placer. Cuando el regente de tu Ascendente está en el signo de su caída, como Venus en Virgo, a veces te hará falta algo más de esfuerzo para llegar a tu destino. Aquí, Venus tiene un fetiche por trabajar con mucho esfuerzo y eficacia. A este regente de tu Ascendente lo pierde el trabajo duro y dirigirá tu vida hacia fines rigurosos y detallistas, aunque puedes no sentirte apreciada, vista o percibida por tus esfuerzos. A los planetas en caída les cuesta sentirse dignos. Les cuesta hacer su trabajo. Les cuesta funcionar como se supone que deberían. En Virgo, Venus puede rebajarse ante los demás. Al estar abatido y sentir que se le falta el respeto, Venus en Virgo hace lo único que sabe: critica, analiza, separa y categoriza.

La purificación es una parte necesaria para la unión, la belleza y el equilibrio, algo en lo que Venus destaca. Sin embargo, si intentas purificar tus relaciones o parejas criticando sus defectos y características, terminarás aislándote de la conexión y prosperidad que las acompañan. Tu Venus puede hacerte trabajar en lugar de jugar, así que tendrás que buscar metas que te hagan feliz. Venus en Virgo servirá a los templos de su deseo como una sacerdotisa de la más alta categoría.

Venus en el resto de signos

Venus en Géminis (conectando a través de interacciones sociales), Cáncer (conectando a través de los vínculos emocionales), Leo (conectando a través de la pasión), Sagitario (conectando a través de la aventura), Capricornio (conectando a través de las metas comunes) y Acuario (conectando intelectualmente) es bastante neutral. Venus en cualquiera de estos signos, por supuesto, construirá relaciones y creará belleza, pero lo hará en base al estilo del signo en que se encuentre. Por ejemplo, Venus en Sagitario querrá crear relaciones basadas en la aventura, la búsqueda de la verdad y la exploración.

Preguntas de reflexión

- ¿Eres conocida por tu habilidad para hacer sentir cómodas a las demás personas? ¿Cómo lo haces? ¿Cómo se relaciona esto específicamente con el signo en que está tu Venus?

- En general, ¿gustas a la gente? Incluso si eres una persona polémica, ¿tiendes a encontrar formas de crear vínculos con otras personas? ¿Cómo se relaciona esto con el signo en el que está tu Venus?

- ¿Tiendes a buscar agradar a la gente o a olvidar tus propias necesidades? ¿Qué te ayuda a volver a centrarte en ti?

- Analiza tu vida y fíjate en todas las formas en que, de manera natural, sin pensarlo, creas belleza. ¿Qué poder encuentras al lograr la estética correcta para tu estado de ánimo o tus necesidades del momento?

- ¿Qué efecto tienen las cosas bonitas en tu estado de ánimo?

- ¿Cómo puedes honrar a Venus en tu vida diaria?

- ¿Está tu Venus en un signo fuerte, desafiante o neutral? ¿Cómo explica el estilo del signo en que se encuetra tu Venus las formas en que avanzas por el camino de tu vida?

MARTE COMO REGENTE (ASCENDENTE ARIES, ASCENDENTE ESCORPIO)

Cuando Marte rige tu Ascendente, tu vida está dirigida por un sentimiento pasional, resuelto, a veces agresivo y, generalmente, valiente. Aries y Escorpio tienen sus formas particulares de manifestar esto, como se detalla en la sección sobre tu signo ascendente, pero, sin importar cuál sea ese signo, con Marte a cargo de enfocar la dirección de tu vida demostrarás tu capacidad para enfrentarte a circunstancias difíciles con mucha energía y deseo.

El signo en que se encuentre Marte te indicará el estilo específico en que te mueves hacia los principales objetivos de tu vida. A continuación tienes la descripción de este planeta en cada signo. Por favor, lee la descripción de tu Marte y contesta cualquiera de las preguntas que resuenen contigo.

El camino del guerrero: **Marte en Aries y Escorpio**

Marte rige tanto sobre Aries como sobre Escorpio, lo que significa que está en casa (en su domicilio) en ambos signos. Eso les da ventaja. Si Marte funciona mejor cuando está en uno de sus signos, ¿qué es exactamente lo que está haciendo mejor? ¿Es más probable que sea más eficiente haciendo daño o será su deseo de proteger y defender el que aumente? Ambas opciones pueden ser correctas. Ser gobernada por un planeta inclinado a la irritación puede significar que debes aprender a utilizar tu poder y energía como defensa contra todo lo dañino en lugar de inconscientemente (o conscientemente) causar el daño. Aunque existen similitudes en cómo funciona Marte en sus domicilios, hay algunas diferencias muy importantes.

MARTE EN ARIES

Como regente de Aries, Marte es audaz. Rápido y furioso. Capaz de atravesar la espesa neblina del miedo que inmoviliza a la gran mayoría. Marte en Aries es el guerrero en acción. Sobre el terreno y librando el combate. Lanzado hacia su objetivo. Llegando al límite y traspasándolo. Aries es un signo de fuego y, aquí, Marte es dado a actuar primero y olvidar preguntar después. Atravesando desafíos grandes y pequeños, Marte en Aries deja clara cuál es su misión. Si esta distribución rige tu Ascendente, todo lo que te propongas será de forma extrema, pero cumpliras con ello. Saber por qué luchas, qué proteges y a qué sirves puede ayudarte a llegar lejos en cualquier empeño. Ésta es una firma tremendamente fuerte en tu carta natal, y depende de ti aprender a utilizarla y refinarla.

MARTE EN ESCORPIO

En Escorpio, la mayoría de las batallas de Marte son secretas. Como regente de tu Ascendente, Marte en Escorpio te brinda sus poderes para la estrategia. La guerra psicológica a distancia es el punto fuerte de Marte en Escorpio. Sin embargo, cómo la uses depende enteramente de ti. Si vas a clavar tu aguijón, debes ser capaz de recibirlo de vuelta. Esta combinación es resiliente más allá de lo imaginable y, como el planeta que marca el rumbo de tu vida, tú también puedes serlo. Con Marte como regente de tu Ascendente, tendrás la paciencia, la persistencia y la capacidad de trabajar en los escenarios más difíciles. Puedes incluso sentirte atraída por ellos. La gente a tu alrededor notará que eres capaz de hacer y decir las cosas más complicadas pero, siendo alguien que trae consigo la habilidad de atravesar los aspectos más densos, fétidos y horribles de ser humana, ¿qué otra cosa podrías hacer? Marte en Escorpio como regente de tu Ascendente querrá saber cómo es la vida al límite y puede, por lo tanto, necesitar trabajar con gente en esa situación.

El guerrero de las maravillas: **Marte en Capricornio**

Marte está exaltado en Capricornio. Aquí, como todos los planetas en esta situación, Marte te da cierta fama por lo que se le da bien. Conocida por tu habilidad para cumplir con tareas difíciles, te motiva superarte a ti misma. Ésta es una posición muy fuerte que señala una vida encaminada al éxito. Que ese éxito te haga feliz dependerá de tu capacidad de enfocarte en lo que te llene emocional y espiritualmente. Un trabajador sin igual, Marte en Capricornio dirige tu vida hacia la conquista de tu lista de tareas mientras escalas hasta la cima de la montaña en que te encuentres. Llamar ambicioso al camino de tu vida sería quedarse corto.

Esta posición te ayudará a ser algún tipo de líder, aunque Capricornio sea conocido por ser un lobo solitario. Aquí, puedes estar encantada de ir por tu propio camino y ser tu única maestra.

Guerreros heridos: **Marte en Tauro y Libra**

La capacidad de Marte para luchar de frente se ve obstruida cuando el guerrero se encuentra en Tauro o Libra, los signos de su detrimento. Aquí, Marte puede enfadarse con razón por las cosas, pero tenderá a costarle articular el porqué o encontrar una forma razonable de remediar la situación.

Marte en detrimento se defiende y protege de forma distinta. Como todos los planetas en esta situación, se ve obligado a trabajar en condiciones opuestas a su naturaleza. Cuando a tu Ascendente lo rige un planeta en detrimento, la vida a veces puede sentirse como si hubieses ido a una fiesta en la piscina aunque no sepas nadar y odies estar al sol. No es una situación ideal, pero ahí estás. Te lo pasas lo mejor que puedes, aunque sea incómodo. Compensas. Haces un esfuerzo. Aprendes sobre algo que no hubieses escogido necesariamente para ti.

Aquí, Marte es menos capaz de moverse con certeza absoluta. Este planeta en su detrimento tiene que superar pensarse las cosas dos (o tres) veces, pero, cuando llega a una conclusión, habrá trabajado duro por ella y será capaz de asumirla completamente.

MARTE EN TAURO

En Tauro, Marte puede defenderse a través de la inacción. Hay quien diría que eso es pereza, pero no se puede empujar a un toro. No es que Marte en este signo no se enfade o entre en acción, es sólo que tarda en levantarse.

Si Marte rige tu Ascendente y se encuentra en Tauro, a veces puede parecer que a la vida le cuesta arrancar, pero debes recordar que se trata de una carrera de larga distancia. Esta combinación no estará satisfecha con ningún logro repentino, y este sentimiento puede gobernar tu vida en algún sentido. Marte en Tauro no entrará en ninguna situación incómoda ni un minuto antes de lo necesario, pero, una vez que lo haga, no dará marcha atrás. Lo mismo se aplica a entrar en acción: puede tomar el camino largo, pero no se desviará de él. Con Marte en Tauro como regente de tu Ascendente, llegarás a tu destino, pero a tu ritmo.

MARTE EN LIBRA

Con Marte en Libra como regente de tu Ascendente, tu mejor defensa a menudo puede ser un increíblemente encantador ataque. Marte vive en el campo de batalla. Libra quiere paz y armonía. Con esto gobernando tu Ascendente, tendrás que luchar sin causar ninguna alteración, una hazaña imposible que esta configuración nunca dejará de intentar. A veces quizá demasiado indulgente, con Marte en Libra dictando el camino de tu vida querrás ganar junto a todo el mundo. Incapaz de pensar sólo en tus intereses, es probable que esta combinación te haga entregarle tus armas a la oponente. Por lo tanto, los límites son algo muy importante en esta situación. En Libra, Marte se ve obligado a funcionar en un estilo opuesto a su naturaleza. Sin embargo, pueden surgir posibilidades muy creativas cuando este planeta se centra en la justicia, el equilibrio y las necesidades de todo el mundo.

Guerra de agua: **Marte en Cáncer**

En Cáncer, Marte está en caída y se convierte en un guerrero empapado. Los cangrejos se escabullen de lado, haciendo que esta version de Marte sea más propensa a las tácticas pasivo-agresivas como única opción de defensa. Como soldado empapado, el mal humor de Cáncer puede hacer que sus motivaciones estén emocionalmente embarradas.

Con Marte en Cáncer como regente de tu Ascendente, parte del camino de tu vida puede consistir en encontrar tu objetivo a través de los altibajos emocionales que enmarañan tus batallas interiores. Descubrir qué aguas apagan tu capacidad de canalizar efectivamente tu rabia justificada te ayudará a establecer una cercanía emocional honesta.

Cáncer es un signo que quiere crear estabilidad a través de vínculos emocionales con las demás personas. Marte como regente de tu Ascendente está, por lo tanto, cargado con la tarea imposible de defenderse sin romper ninguna de las conexiones que le importan. Como en cualquier signo de agua, las emociones reprimidas pueden ser peligrosas. Convertido en un maremoto de energía emocional contenida, Marte en Cáncer puede devastar situaciones cuando se niega el tiempo y el espacio necesarios para asimilar los sentimientos que yacen bajo la superficie de su fachada. Como parte de tu propósito de vida, tendrás que aprender cómo ser una guerrera que lucha por lo que necesita ser protegido.

Marte en el resto de signos

Marte en Géminis (comunicador agudo), Leo (actitud valiente), Virgo (crítico valiente), Sagitario (aventurero valiente), Acuario (intelectual valiente) y Piscis (guerrero espiritual) es bastante neutral. Marte, por supuesto, demostrará su valor y deseo basándose en el estilo del signo en que se encuentre. Por ejemplo, Marte en Acuario será contundentemente valiente en su comunicación, capaz de abrir una idea por la mitad con precisión quirúrgica.

📝 Preguntas de reflexión

- ¿Por qué cosas has aprendido a luchar efectivamente en tu vida? ¿Cuáles han sido los obstáculos en tu camino mientras lo hacías?

- ¿En qué momento tu ira, pasión o energía mal enfocada te ha metido en problemas? ¿Qué te ayuda a redirigirla?

- ¿En qué aspecto de tu vida crees que es más importante, o que tiene más impacto, enfocar tu energía?

- ¿En qué aspecto de tu vida es más efectivo aplicar tu habilidad para ir a contracorriente?

- ¿Te dice la gente a menudo que eres valiente? ¿Cómo te hace sentir?

- ¿Está tu Marte en un signo fuerte, desafiante o neutral? ¿Cómo explica el estilo del signo en que se encuentra tu Marte las formas en que avanzas en tu vida?

JÚPITER COMO REGENTE (ASCENDENTE SAGITARIO, ASCENDENTE PISCIS)

♃ ⊚

Si tienes un Ascendente Sagitario o Piscis, Júpiter es su regente. Cuando Júpiter rige tu Ascendente, el camino de tu vida está marcado por un optimismo implacable y abundante buena voluntad. Un timonel exagerado, extralimitado y exuberante, Júpiter a cargo del camino de tu vida quiere que hagas las cosas a lo grande. Sea tu signo ascendente Sagitario o Piscis, cada uno tendrá su estilo particular, pero con Júpiter como el planeta responsable de ambos, el optimismo es el claro timonel de tu vida.

Es poco probable que fracases estrepitosamente cuando te rige Júpiter, no porque siempre consigas lo que te propongas, o porque la vida vaya a ser justa e indulgente contigo, sino porque Júpiter siempre intentará encaminarte a ser agradecida, encontrar oportunidades sin importar el desafío y ver siempre el lado bueno de las cosas.

El signo en que se encuentre Júpiter te indicará el estilo específico en que te mueves hacia los principales objetivos de tu vida. A continuación tienes la descripción de este planeta en cada signo. Por favor, lee la descripción de tu Júpiter y contesta cualquiera de las preguntas que resuenen contigo.

Capitán Fantástico: *Júpiter en Sagitario o Piscis*

Júpiter está en casa tanto en Sagitario como en Piscis. En cualquiera de sus signos, este planeta crea una fe inquebrantable, confianza en una misma y la capacidad de atravesar las duras realidades que la vida pone en tu camino. Tener a

Júpiter en su domicilio es casi como ganar la lotería. Es algo fácil de dar por sentado, pues es un regalo de los dioses. Uno tiende a perder, utilizar mal y no entender las cosas por las que no ha trabajado.

Aquellas personas con Júpiter en su propio signo pueden tener muchas experiencias afortunadas en la vida, pero incluso ellas deben aprender a crear lugares para que éstas se manifiesten y volverse suficientemente disciplinadas como para entender qué las ayuda a crear una vida llena de sentido.

JÚPITER EN SAGITARIO

Aquí, Júpiter está empoderado para ayudarte a materializar tu propósito de vida. Encaminado hacia la inspiración y la capacidad de actuar en base a tu fe, Júpiter en Sagitario infunde el camino de tu vida con abundantes bendiciones intuitivas. Asegúrate de hacerles caso. Los caballos salvajes de Sagitario quieren que corras libremente hacia muchas posibilidades filosóficas. Una mente indomable es aquella que se centra en la verdad. Buscando las expresiones definitivas de la misma, con Júpiter en Sagitario como regente, tendrás que galopar hacia las experiencias que te ayuden a formular las mejores preguntas. Esta posición siempre orientará tu vida hacia búsquedas cada vez mejores.

Con Júpiter en Sagitario como regente de tu Ascendente, debes confiar en las visiones de aventuras futuras que te infunde. Deberás ser creativamente intrépida en tus exploraciones. Te guiará una fe que será implacable, aunque a veces inmerecidamente. Si no se lo controla, Júpiter en Sagitario venderá la piel del oso antes de cazarlo. Como todos los planetas en sus propios signos, Júpiter en Sagitario es extremadamente él mismo.

JÚPITER EN PISCIS

No existen límites para esta posición creativa y fértil. Júpiter en su propio signo y a cargo de dirigir el camino de tu vida te da ventaja. Te convertirás fácilmente en una generadora de oportunidades, tanto para ti como para las demás personas, pues la naturaleza de esta firma es de abundancia desbordante.

Pero la abundancia no siempre es fácil de controlar o mantener.

Esta posición te abrirá puertas, pero te costará decidir por cuál decantarte, y todavía más ser constante en tu decisión. La fluidez de Piscis da a luz conexiones emocionales con muchos y, aquí, Júpiter se vuelve más un filósofo reconfortante que un guía estratégico. Tu vida está enfocada en la conexión con lo que sientes significativo, inspirador para tu alma y, quizá, incluso espiritualmente iluminador. Un maestro innato, Júpiter en Piscis te llevará a dar lo que tengas. Esta combinación hace todo lo que puede para conectarse con el dolor de las demás personas, sabiendo que la compasión es la mejor doctrina a seguir. Esto hace que tu principal objetivo y orientación en la vida sea aliviar un poco el dolor donde y cuando te sea posible.

Las aguas de las maravillas: *Júpiter en Cáncer*

Júpiter está exaltado en Cáncer. Ésta es una combinación favorable que te brinda la capacidad de manifestar tus bendiciones. La fertilidad de Júpiter está en su apogeo en estas aguas y, como regente de tu Ascendente, esto significa que serás conocida por tu habilidad de dar, concebir proyectos creativos y, en general, tener un exceso de optimismo y compasión para derramar sobre los demás. Júpiter en Cáncer quiere alimentar, nutrir y criar a muchos y, como el planeta que dirige el camino de tu vida, lo más probable es que sientas el deseo de alimentar, símbolica o específicamente, a los seres malnutridos.

Júpiter en Cáncer sabe cómo proteger su abundante fuerza vital para que de ella pueda surgir algo importante. Como regente de tu Ascendente, esto te hace saber cómo canalizar los nutrientes más importantes hacia lo que quieres hacer crecer. Muy probablemente seas conocida por tu capacidad para preocuparte profundamente por todo a lo que has dado vida.

Multitud de minucias: Júpiter en Géminis o Virgo

Júpiter está en detrimento cuando se encuentra en Géminis o en Virgo. Aquí, este planeta tiene problemas. Mientras que los signos donde Júpiter está en casa, Sagitario y Piscis, se centran en tener una perspectiva general, los lugares de su detrimento, Géminis y Virgo, se fijan en los detalles.

Que Júpiter esté tanto en detrimento como a cargo del camino de tu vida, generalmente te exigirá que trabajes más duro. En cualquiera de estos signos, este planeta magnifica el número de hechos, datos y detalles de cualquier situación. En Géminis o Virgo, Júpiter puede hacer complicado ver cuánta es una cantidad razonable de información, en qué creer o cómo cultivar las relaciones abiertas y fáciles con la vida por las que este planeta es famoso. A Júpiter en su detrimento puede faltarle la fe, tener dificultades para encontrar una filosofía que resuene con él y pasarlo mal para crear desde un lugar de abundancia optimista.

Como todos los planetas en detrimento, Júpiter en Géminis o Virgo como regente de tu Ascendente dirigirá tu vida por un camino contrario al que podría esperarse.

JÚPITER EN GÉMINIS

En Géminis, Júpiter tiene toneladas de ideas, sentimientos e historias que contar y, como regente de tu Ascendente, deben encontrar un hogar. Esta posición puede hacer a alguien más que curiosa y dispuesta a compartir sus conocimientos y descubrimientos con el mundo. Con una cascada interminable de datos, a Júpiter en Géminis puede costarle llegar al quid de la cuestión, pues, ¿para qué quieres una cuestión cuando estás rodeada de chismes interesantes que te llevan a los rincones más lejanos de tu mente? Respecto al camino de tu vida, este vigor implica que, intencionalmente o sin querer, terminas distrayéndote. Abrumada por fragmentos de la verdad, cuando Júpiter rige sobre tu Ascendente puede desviarte de tu camino, pero volver a él forma parte de la resistencia que debes desarollar. Hacer esto te dará una fuerza y una claridad tremendas sobre cómo vivir una vida que sientas que se mueve en una dirección satisfactoria y conmovedora.

JÚPITER EN VIRGO

En Virgo, el optimismo de Júpiter es a menudo interrumpido por críticas constantes. Virgo es un signo que se queda atrapado en los detalles y, aquí, al regir sobre tu Ascendente, Júpiter puede tender a hacer que magnifiques y te preocupes por todas las impurezas, defectos e imperfecciones. Las fobias pueden sobrepasar tu capacidad para encontrar soluciones y crear estrategias. La habilidad natural de Júpiter para crear posibilidades en situaciones desalentadoras funciona a medio gas cuando está en Virgo. Como regente de tu Ascendente, esta posición incrementa tu apetito por el trabajo, haciendo que seas una fuerza diligente. Sin embargo, cuando te centras demasiado en los pequeños detalles, te costará crear algo abundante por sí mismo.

Puede parecer que la suerte huye de ti, pero debes centrar tu atención en el crecimiento progresivo. Que Júpiter esté en Virgo puede hacer que te sientas infravalorada en círculos académicos, espirituales o filosóficos, pero encontrar compañía en espacios alternativos donde tus filosofías sean apreciadas te saciará, e incluso podría resultar ser el destino de tu vida.

Crecimiento conservador: **Júpiter en Capricornio**

En el signo de Saturno, Júpiter está en su caída. Como a todos los planetas en esta situación, en este signo se le profesa cierta falta de respeto a Júpiter. Como regente de tu Ascendente, puede contagiarte este sentimiento en algunas situaciones o durante tus primeros años. Limitado por el austero estilo de Capricornio, el planeta que encamina la dirección de tu vida te vuelve cautelosa hacia el crecimiento y la expansión, aunque éstos sean una parte evidente de tu camino. Aquí, Júpiter es más escéptico, conservador en su capacidad de utilizar su energía y no está dispuesto a jugarse su reputación por miedo a parecer estúpido. Crea, pues, una tensión natural en tu potencial para crecer, desarrollar tus ideas y sanar como tu vida necesita que lo hagas. Júpiter tendrá problemas para encontrar el optimismo que, en otra situación, encarnaría como regente de tu Ascendente. Puede hacer que te preguntes por qué las cosas en la vida no son algo más sencillas de alcanzar.

Sin embargo, Júpiter en Capricornio tiene un sistema de pesos y contrapesos, algo de lo que este planeta no dispone en su propio domicilio. En Capricornio, Júpiter no caerá en el engaño de la naturaleza efímera de la rueda de la fortuna.

Prefiere sentir la satisfacción de sus merecidos logros que depender de la suerte que puede, o no, cubrirlo de riquezas. Esta posición te hace esforzarte por entender cómo el trabajo duro se junta con la oportunidad y, cuando lo hace, saber con seguridad qué puertas puedes atravesar.

Júpiter en el resto de signos

Júpiter en Aries (expansión intrépida), Tauro (crecimiento generativo y firme), Leo (expasión a través de la autoexpresión), Libra (abundante armonía), Escorpio (expansión profunda) y Acuario (ideas expansivas) es bastante neutral. Júpiter, por supuesto, creará oportunidades de crecimiento y expansión basándose en el estilo del signo en que se encuentre. Por ejemplo, Júpiter en Libra usará su habilidad para conectarse e iniciar relaciones como medio para crear tu buena fortuna.

Preguntas de reflexión

- ¿En qué aspecto de tu vida puedes demostrar fe y optimismo sin límites? ¿Qué puertas te abre esto?

- ¿En qué faceta de tu vida es importante para ti ser expansiva? ¿Qué obstáculos se interponen en tu camino? ¿Quién o qué tiende a pedirte que te encojas?

- ¿Los demás te encuentran inspiradora? ¿Qué parte de ti etiquetan como tal? ¿Cómo te hace sentir esto?

- ¿En qué tiendes a excederte en tu vida? ¿Cómo has aceptado esto sobre ti misma? ¿Puedes encontrar un equilibrio?

- ¿Tiendes a trabajar en cosas grandes en cuanto a su tamaño o alcance? ¿Cuándo te sientes abrumada por esto?

- ¿Está tu Júpiter en un signo fuerte, desafiante o neutral? ¿Cómo explica el estilo del signo en que se encuetra tu Júpiter las formas en que avanzas en tu vida?

SATURNO COMO REGENTE (ASCENDENTE CAPRICORNIO, ASCENDENTE ACUARIO)

♄ ☉

Si tu Ascendente es Capricornio o Acuario, Saturno es su regente. Cuando este planeta rige tu Ascendente, el camino de tu vida se enfoca en el autocontrol, el sentido de la responsabilidad y la necesidad de alcanzar una meta que merezca tu esfuerzo y trabajo duro. Saturno es un planeta que exige lo mejor de ti y, como regente de tu Ascendente, no aceptará menos que una vida que te lleve hacia el dominio de ti misma, la autonomía y unas bien merecidas alabanzas. A veces, con Saturno rigiendo sobre tu Ascendente, no te sentirás cómoda hasta alcanzar cierta edad. Como planeta que rige sobre la edad, la autoridad y la madurez, Saturno exige que pases tiempo desarrollándote.

Saturno es el planeta más lejano que puede verse a simple vista. Tiene tendencia a ser distante, incluso frío, pero esto no es porque sea insensible. Con Saturno como regente, puedes ser feliz en soledad, pues te permite hacer tu trabajo, pero eso no significa que no necesites a otras personas.

Como Saturno tiende hacia la discriminación y el discernimiento, a no ser que otra cosa en tu carta natal diga lo contrario, seguirás el camino de tu vida en un estilo que puede implicar una buena cantidad de sacrificio. Decir «no» es una declaración poderosa, pero, cuando te lo dices a ti misma injustamente, esta dureza puede filtrarse al resto de tus relaciones. Cuando Saturno es el regente de tu Ascendente, tendrás que dominar el arte de saber qué rechazar y qué permitir. Tus síes brotarán más fácilmente cuando sepas qué límites establecer firmemente y cuáles relajar.

A continuación tienes la descripción de Saturno en cada signo. Por favor, lee la descripción de tu Saturno y contesta cualquiera de las preguntas que resuenen contigo.

Maestro de ceremonias: **Saturno en Capricornio y Acuario**

Saturno está en casa en Capricornio y Acuario. Cuando el regente de tu Ascendente se encuentra en su propio signo, tendrás fuerza y una dirección clara en la vida. Es algo en lo que puedes apoyarte cuando la existencia se pone dura. Es algo con lo que, si desarrollas una relación, no te abandonará. Aceptarte radicalmente significa saber con qué aliarte y qué interrumpir y descargar.

En su propio signo, Saturno es un recurso siempre disponible para ti. Sus bendiciones incluyen autodisciplina, perspicacia y la capacidad de sufrir lo incómodo para alcanzar lo admirable. Saturno no está aquí por la gratificación inmediata y, si este planeta dirige la dirección de tu vida, será bueno para ti que tomes la misma postura. Piensa en qué puedes desarrollar durante décadas. Piensa en qué te ayudará a sentir el tipo de satisfacción que te cala en los huesos. Piensa en qué podrías pasarte la vida trabajando, sin importar sus altibajos, que valiese tu energía, pasión y ambición.

SATURNO EN CAPRICORNIO

Como regente de Capricornio, Saturno es el guardián de la tradición. Como regente de tu Ascendente, es importante que sepas qué tradiciones quieres mantener y cuáles serían insensatas. Aquí, Saturno conoce la importancia de entender la forma, sentido y razonamiento original de algo. Como regente de tu Ascendente, Saturno quiere hacerte conocida por tu habilidad de manifestar tus deseos en el mundo físico a través de la disciplina, la creación de estructuras y una ética de trabajo robusta, firme y fiable. Cuanto más puedas desarrollar una relación con estos atributos a tu manera, más alineada te sentirás con tu propósito de vida. Si Saturno es tu regente, lo último por lo que quieres ser conocida es por no estar dispuesta a dar lo mejor de ti.

SATURNO EN ACUARIO

En Acuario, Saturno aprende todas las reglas de arriba abajo para poder romperlas eficientemente cuando sea necesario. Saturno no es desorganizado. Tampoco un rebelde sin causa. Su intelecto es severo. Como regente de tu Ascendente, Saturno quiere que canalices eso mismo. Tendrás que luchar contra un sistema, pero no sin considerarlo minuciosamente antes. Saturno quiere que desarrolles un entendimiento de cuál es la mejor manera de redistribuir y descentralizar el poder. Acuario es un observador dotado. Con Saturno como regente, puedes ser conocida por tu desapego intelectual, pero es esencial entender una situación desde el mayor número de ángulos posibles si pretendes seguir la dirección del camino de tu vida.

Estilo perceptivo: **Saturno en Libra**

En Libra, Saturno está exaltado y, como regente de tu Ascendente, te brindará reconocimiento por tu naturaleza madura y equilibrada. Ser conocida por tu capacidad de trabajar duro, ser disciplinada y tomar decisiones conservadoras pero bien calculadas puede ayudarte a convertirte en una maestra justa y respetada de tu arte. Saturno en Libra hace de ti una autoridad accesible, te da un estilo simpático y te dirigirá a buscar justicia en las estructuras que construyas o en las que trabajes. Este regente te ayuda a hacer distinciones sin ser grosera y probablemente seas reconocida por tu perspectiva justa e igualitaria.

Capitán Ígor*: **Saturno en Cáncer o Leo**

Saturno está en detrimento en Cáncer y Leo. Como todos los planetas en esta situación, a Saturno le cuesta encontrar su camino en estos signos. Ser gobernado por el planeta asociado con el autocontrol y el autodominio es bastante claro, pero cuando ese planeta se siente decaído, puedes preguntarte dónde aplicar tu sabiduría o por qué no es apreciada. Toda la atención de Saturno se centra en mantener el control, pero en estos signos no es tan sencillo. Se te exige un esfuerzo extra. Tendrás que ganarte el respeto que anhelas, incluso si te lo mereces. Puedes encontrar egos dañados y sentimientos heridos por todas partes, pero esto no debe obstaculizar el camino de tu vida. Lo que estas posiciones pueden ofrecerte son muchas oportunidades para ser hu-

---

*Ígor es un personaje de *Winnie the Pooh* de A. A. Milne, un burro de peluche conocido por su melancolía y pesimismo.

milde y trabajar por el trabajo en sí mismo, por tu propia satisfacción y por tu propio respeto.

SATURNO EN CÁNCER

En Cáncer, a Saturno le cuesta construir y mantener los límites que le son útiles para crecer. Debemos ser sólidas en ciertos aspectos, pero permeables en otros, y Saturno en Cáncer puede confundirlos; esto hará que abunden los problemas de control emocional. Parte de tu camino puede consistir en reprimir tus emociones para controlar tu vida. Éste es un mecanismo de defensa comprensible, pero inútil a largo plazo. También puedes tender a sentirte desbordada por las emociones e incapaz o reticente a construir las estructuras que necesitas para mantener tus experiencias. La gente gobernada por Saturno tiende a tener dificultades durante sus primeros años. La edad brinda cierto alivio y sabiduría en los que Saturno se siente más digno. En Cáncer, el duro caparazón de Saturno puede guardarte de entrar en contacto con reflexiones importantes o las muy necesarias opiniones de los demás. Estar a la defensiva se convierte en una espina en el costado de aquellos gobernados por Saturno en Cáncer, obstruyendo su capacidad de florecer. Debes aprender a dejar espacio a tus sentimientos sin intentar controlar tu vida emocional. Si lo logras, te convertirás en una guía perspicaz para los demás en su propio camino a la sanación.

SATURNO EN LEO

En Leo, un signo en que Saturno se encuentra en detrimento, el capataz se ve obligado a atender sus obligaciones con una actitud teatral. Ésta es una sensación extraña para el planeta conocido por su comportamiento frío. Las alabanzas no forman parte del juego de Saturno. Este planeta conserva, pero

Leo tiene una energía ilimitada para quemar y no le interesa minimizar su talento. Con Saturno en Leo como regente de tu Ascendente, tendrás que encontrar maneras de mostrar diligencia, disciplina y autocontrol para atraer una atención cuya naturaleza no sea frívola o pasajera. Saturno quiere resultados duraderos. Saturno en el signo conocido por su aproximación magnánima y egoísta a la vida tiene problemas para ser tomado en serio o por centrarse demasiado en su propio ego.

La principal dificultad a la que se enfrenta un planeta en detrimento es que es incapaz de llevar a cabo su tarea fácilmente o como «debería». Por lo tanto, Saturno en detrimento puede dirigir tu vida hacia una gestión diferente de la autoridad. Puede costarte equilibrar tu anhelo de elogios con la necesidad de sentir que te los has ganado. Te hace falta estar segura de que tu ego no corrompe tu integridad.

Cuando Saturno en Leo es el timonel del barco de tu vida, debes descubrir la mejor manera de convertirte en tu propia autoridad y mandar al carajo las normas sociales y las reglas de tu familia.

Muros de fuego: **Saturno en Aries**

Saturno en caída te obliga a luchar por encontrar el equilibrio entre los límites estrictos y quemar todas las fronteras que te mantienen a salvo. Como todos los planetas en caída, Saturno siente que se le falta el respeto en Aries. Como regente de tu Ascendente, puede hacerte sentir que tienes que demostrar tus propios méritos, habilidades y tu valor a través de la disciplina y el autocontrol. En Aries, Saturno debe trabajar sus problemas de calor y furia. Su temperamento puede ir de duro a moderado, pero, si lo reprime, terminará por explotar. Impulsivo, Saturno en Aries puede hacerte establecer límites antes de haber sopesado qué debes rechazar y qué incluir. Como todos los planetas en caída, Saturno en Aries te pide que hagas horas extra para entender los matices entre la autodisciplina y el sacrificio; entre la soledad y el aislamiento; entre el respeto por ti misma y el autosabotaje. Tu recompensa será aceptar tu poder y saber precisamente qué quieres hacer con él.

Saturno en el resto de signos

Saturno en Tauro (autocontrol a través de la paciencia y la persistencia), Géminis (autocontrol a través del desarrollo intelectual), Virgo (autocontrol a través del discernimiento), Escorpio (autocontrol a través de la conexión con los misterios del sexo y la muerte) y Piscis (autocontrol a través de la disciplina creativa y espiritual) es bastante neutral. Saturno, por supuesto, construirá estructuras necesarias y demostrará autocontrol basándose en el estilo del signo en que se encuentre. Por ejemplo, Saturno en Escorpio sabe cómo navegar a través de las intensas experiencias emocionales del sexo, la muerte y las dinámicas de poder.

Preguntas de reflexión

- ¿De qué tiendes a privarte en general? ¿Cuándo te resulta esto útil? ¿Cuándo es perjudicial?

- ¿En qué faceta de tu vida eres capaz de crear límites sanos? ¿Cuándo en la vida tiendes a limitar o restringir tu experiencia de intimidad?

- ¿Eres conocida por ser una persona responsable, fiable o cumplidora en la mayoría de situaciones? ¿Cómo te hace sentir esto? ¿Qué sacas de cumplir con este rol? ¿Qué te quita?

- ¿Qué estás más decidida a conseguir en la vida sin importar de qué tengas que privarte?

- ¿Qué tienes más ganas de dominar en ti misma y en tu trabajo?

- ¿Está tu Saturno en un signo fuerte, desafiante o neutral? ¿Cómo explica el estilo del signo en que se encuetra tu Saturno las formas en que avanzas en tu vida?

LA CASA DEL REGENTE DE TU ASCENDENTE
¿HACIA QUÉ ÁREA DE LA VIDA ESTÁS SIENDO ENCAMINADA?

¿En qué casa se encuentra el regente de tu Ascendente?

La casa en que se encuentra el regente de tu Ascendente te indica hacia qué área de la vida estás siendo encaminada. No te sentirás realizada si no desarrollas una relación con esa casa. Recuerda que Frida Kahlo tenía un Ascendente Leo. Su talento para la autoexpresión decorativa era innegable. Leo es el intérprete, el creador, quien vive algún aspecto de la experiencia humana para que todo el mundo pueda verlo. Su Ascendente Leo articuló su motivación en la vida: ser pasional, creativamente potente y vista. Además, su signo solar, Cáncer, revela que la dirigía un planeta cuyo estilo es emotivo. La casa en que estaba su Sol nos dice el área de la vida que debía explorar para conectar con su propósito de vida. Su Sol vivía en la casa XII de la pena, la pérdida, la vida oculta, los secretos y el inconsciente colectivo.

Cuando Frida Kahlo tenía seis años, enfermó de polio. Postrada en la cama durante meses, su pierna derecha nunca crecería tanto como la izquierda. Con dieciocho años, experimentó un trauma físico mucho más serio. En un accidente de autobús que casi la mata, un barandal de acero se soltó y la empaló en el útero, rompiendo su columna vertebral en tres puntos y dejando su pierna derecha, la que había sufrido la polio, hecha añicos. La dieron por muerta. Durante su convalecencia, se vio obligada a llevar una escayola de cuerpo entero durante tres meses. Incapaz de moverse, sus padres la animaron a empezar a pintar. Construyeron un caballete que podía utilizar en la cama, le dieron material y un espejo para que pudiese crear autorretratos.

El sufrimiento físico y emocional que Kahlo soportó no es sólo el resultado de que su Sol estuviese en la casa XII de la pena, el aislamiento y la pérdida (también tenía a Marte, afilado y cortante, y a Urano, impredecible y perturbador, en oposición a su Sol). Sin embargo, expresar ese dolor a través de su arte y escritura es, en un contexto astrológico, hacia donde se encaminaba su vida. Hay una famosa cita de Kahlo que dice «Me pinto a mí misma porque suelo estar sola y soy el sujeto que mejor conozco»*. Si el regente de tu Ascendente está en la casa XII, no significa necesariamente que vayas a sufrir, pero sí significa que abordar el sufrimiento, la más humana de las condiciones, es el tema principal de la dirección y tu propósito de vida.

 Ahora es el momento de elegir tu propia aventura. Por favor, avanza hasta la casa en que reside el regente de tu Ascendente o tu signo ascendente.

---

*Fundación Frida Kahlo; ver www.frida-kahlo-foundation.org.

REGENTE DEL ASCENDENTE EN LA CASA I

Cuerpo, apariencia, ego, fuerza vital

Si el planeta que rige tu Ascendente está en la casa I, sus representaciones y todo aquello sobre lo que gobierna estarán particularmente activos en tu vida. Esto es así por dos motivos: en primer lugar, cualquier planeta que esté en la casa I se expresará principalmente a través de tu identidad, personalidad y aspecto físico; en segundo lugar, si el regente de tu Ascendente está en la casa I, estará en su propio signo y actuará de forma directa y clara. Esta combinación es poderosa y puede ser incluso extrema. Se le pide al regente de tu Ascendente, y a todo lo que representa, que esté entretejido con tu identidad. Por ejemplo: si Júpiter es tu regente y también está en la casa I, se te pide que vivas de forma optimista, compartiendo tus riquezas y abundancia espiritual con las demás personas. El regente de tu Ascendente en la casa I también te dice que el principal objetivo del camino de tu vida es el desarrollo de tu identidad.

✒ Preguntas de reflexión

- Dada la naturaleza del planeta y el estilo del signo, ¿qué temas ves dominantes en tu vida?

- ¿Cuándo te sientes vista por los demás? ¿Por qué cosas se te reconoce cuando te sientes más comprendida? ¿En qué partes de tu identidad sientes que la gente se concentra demasiado? ¿Está esto relacionado con el planeta que rige tu Ascendente? ¿Te resulta a veces abrumador encarnar esto con tanta intensidad?

- ¿Qué partes de tu personalidad sientes que son más malentendidas por el mundo? ¿Qué tiene esto que ver con el planeta que rige tu Ascendente?

- ¿Cómo has aprendido a rechazar lo que sientes como una imposición? ¿Cómo apoya u obstaculiza esto el regente de tu Ascendente? Por ejemplo: Venus puede sentirse incómodo haciendo esto, pues es un planeta que quiere crear conexiones, no interrumpirlas, pero Marte estará más cómodo siendo combativo cuando sea necesario.

- ¿Puedes imaginarte al regente de tu Ascendente libre de expresarse más allá de las normas culturales?

REGENTE DEL ASCENDENTE EN LA CASA II

Dinero, activos, recursos, autoestima

Todos tenemos algo que aportarle al mundo. Todos tenemos alguna forma de mantenernos. Todos tenemos algún talento o habilidad específica que poner a trabajar. Nuestros recursos nos ayudan a abrirnos paso por el mundo material. La casa II detalla estas riquezas. Tener al regente de tu Ascendente en la casa II deja claro que la dirección de tu vida debe encaminarse hacia el desarrollo de recursos y el aprendizaje de cómo mantenerte con ellos. El dinero y los activos no son más o menos fáciles de conseguir con tu regente en la casa II, eso depende del signo en que esté el regente de tu Ascendente y de los aspectos que forme con otros planetas. Pero sabemos que éste es un lugar con el que debes desarrollar una relación para sentirte totalmente expresada en esta vida.

✏️ *Preguntas de reflexión*

- ¿Cómo ves que tu propósito de vida está directamente relacionado con tus recursos y tu capacidad para desarrollarlos?

- ¿Qué parte de la naturaleza del planeta que rige tu Ascendente se manifiesta evidentemente en tu trabajo? Por ejemplo: si Marte rige tu Ascendente y está en la casa II, ¿te involucras en trabajos donde tienes que luchar, quizá por otros?

- ¿Y con el estilo del signo en que reside el planeta? Por ejemplo: si la Luna rige tu Ascendente y está en la casa II, estará en Leo. ¿Forma parte de cómo te ganas la vida (casa II) el cuidar de los demás (la Luna) a través de la creatividad y la autoexpresión (Leo)?

REGENTE DEL ASCENDENTE EN LA CASA III

*Comunicación, hermanos, familia extendida, amigos
cercanos, vida diaria y rituales, la casa de la Diosa*

Si el regente de tu Ascendente está en la casa III, la dirección de tu vida apunta hacia desarrollar relaciones, comunicaciones y rituales diarios y espirituales. Específicamente, escribir, enseñar, informar, trabajar junto a la familia o buenos amigos, interpretar u ocupar espacio para prácticas devotas, estudiar o enseñar sobre la Diosa u otras tradiciones religiosas antiguas que preceden al monoteísmo, viajar (especialmente a través del día y alrededor de tu barrio) y estar en contacto con muchas personas a lo largo de la jornada son algunas de las formas en que sentirás que tu vida está bien encaminada.

La casa III es el lugar de gozo de la Luna. Si, por ejemplo, tienes un Ascendente Cáncer, la Luna es el regente de tu Ascendente. Si tienes a tu Luna en Virgo y en la casa III, la Luna es el regente de tu Ascendente y está, además, en su lugar de gozo. Esto le da más fuerza tanto a ella como a su capacidad para hacer su trabajo. La Luna siempre es fuerte en la casa III, sea Cáncer tu Ascendente o no, pero si es también el regente de tu Ascendente, es una bendición de la que tomar nota.

✒️ Preguntas de reflexión

- ¿Cómo está dirigida tu energia vital hacia la comunicación, la escritura, la enseñanza o los viajes? ¿Cómo dan forma a tu vida estas actividades?

- ¿Qué roles tienen tus hermanos, amigos y familia extendida en la dirección de tu vida? ¿Te impactan fuertemente sus altibajos? ¿Dictan tu vida de alguna forma? ¿Estás asociada con ellos?

- ¿Trabajas en comunidades y barrios o estás implicada en ellos de alguna forma significativa?

- ¿Se centra tu vida en rituales, especialmente de carácter espiritual? ¿Te has dado cuenta de que tiendes a ser la persona que trae los rituales y el sentido de la espiritualidad a la vida de los demás?

- ¿Qué parte de la naturaleza del planeta que rige tu Ascendente se manifesta evidentemente en tus comunicaciones? Por ejemplo: si Venus rige tu Ascendente y está en la casa III, ¿eres conocida por ser quien entrega los mensajes con dulzura?

REGENTE DEL ASCENDENTE EN LA CASA IV

Cimientos de todas las cosas, ancestros, hogar, familia, padres

Que el regente de tu Ascendente esté en la casa IV significa que es profundamente importante para ti cómo creas tu hogar estética y físicamente, con quién lo creas y cómo mantienes las tradiciones de tu gente. Uno o más de estos asuntos será una parte prominente de cómo manifiestas la dirección de tu vida. Puedes darte cuenta de que te enfrentas a problemas relacionados con cómo honrar las tradiciones familiares y tu linaje sin quedarte atrapada en el pasado. Equilibrar tu compromiso familiar con ser capaz de romper con los aspectos de tus orígenes que no te apoyan puede ser un tema principal en tu vida.

Es complicado construir cualquier estructura duradera en tu vida sin entender tu casa IV. Si no sabes qué necesitas de tu vida interior, es difícil construir una vida exterior que te llene. Si puedes explorar el pasado y desentrañar su significado, curar las heridas que ahí se encuentran y llegar a entender tu contribución personal al linaje del que procedes, será más probable que logres construir una relación sana con el presente.

📝 Preguntas de reflexión

- ¿Qué vínculo hay entre la naturaleza del planeta que rige tu Ascendente y la relación que tienes con tu familia cercana o con tu familia en general?

- ¿Qué te sientes atraída a honrar y mantener en tu linaje? ¿Con qué sientes que necesitas romper?

- ¿Alguna vez te resulta complicado hacer algo distinto a lo que hace tu familia o satisfacer sus expectativas para tu vida o futuro?

- ¿Qué parte de la naturaleza del planeta que rige tu Ascendente se manifiesta obviamente en tu vida familiar? Por ejemplo: si Júpiter rige tu Ascendente y está en la casa IV, ¿hay alguna bendición, abundancia o espiritualidad que provenga de tu familia? ¿Es alguno de tus padres extraordinario? Si es un planeta más difícil, como Marte, ¿fue uno de tus padres atrevido o valiente? ¿Relacionarte con el dolor o estar desarraigada y desconectada de tus raíces tiene un rol principal en tu propósito de vida?

REGENTE DEL ASCENDENTE EN LA CASA V

Niños, energía creativa y erótica, placer, diversión, romance, sexo

Todos creamos nuestras propias vidas cada día. A través de tus acciones, de tus palabras, de tus tratos y de tus decisiones, das constantemente forma a tu existencia. Si el regente de tu Ascendente está en la casa V, tu energía creativa y cómo la manifiestas se convierten en temas principales en tu vida y en sus áreas más importantes. Cuando el regente del Ascendente está aquí, tu vida se enfoca en tomar la energía que se te ha dado y aplicarla consciente y deliberadamente sobre el mundo.

Tradicionalmente conocida como la casa de los hijos, esta parte de la carta astral indica fertilidad. Si el regente de tu Ascendente está aquí y está en un signo fuerte, lo más probable es que tu vida esté gobernada por la generatividad. Normalmente, el regente del Ascendente en la casa V quiere producir. Como los niños eran vistos como bendiciones necesarias en el mundo antiguo, la casa V es también conocida como el lugar de la buena fortuna.

Esta casa es el lugar de gozo de Venus. El planeta del placer, de la energía erótica y de todas las cosas divertidas y agradables sabe cómo pasarlo bien en esta casa. Si tienes Ascendentes Tauro o Libra y a tu Venus en la casa V, su potencia se multiplica, pues este planeta está increíblemente cómodo ahí. Entonces, tu vida estará dominada por la belleza, el deseo y la diversión.

🗹 Preguntas de reflexión

- ¿Cómo dominan tu vida el arte, la creatividad y la autoexpresión?

- ¿Cómo trabajar con o para niños, o tenerlos, te ayuda a vivir tu propósito de vida?

- ¿Eres conocida por ser el alma de la fiesta, pasártelo bien o ser afortunada?

- ¿A veces tu buena fortuna limita que te esfuerces, trabajes duro o atravieses dificultades?

- ¿Qué parte de la naturaleza del planeta que rige tu casa I se manifiesta obviamente en tu relación con la creatividad? Por ejemplo: si la Luna rige tu casa I y está en tu casa V, ¿eres conocida por criar proyectos creativos o niños? ¿Eres alguien que trabaja en el sector de la salud reproductiva?

REGENTE DEL ASCENDENTE EN LA CASA VI

Proyectos, hábitos y horarios laborales, mascotas,
asuntos de salud, accidentes, enfermedades

Que el regente de tu Ascendente esté en la casa VI significa que tu sensación de propósito y de una vida plena dependen de tu vida laboral y tus rutinas profesionales.

En la astrología tradicional, ésta es la casa que trata con la esclavitud, el abuso laboral y el tráfico humano. El trabajo y la búsqueda del mismo pueden dominar tu energía, tiempo y atención. Es posible que te sea difícil encontrar el equilibrio en esta área. Puede que tu gente más cercana tenga que trabajar contigo para formar parte de tu mundo. Quizá sea un reto relajarte y desconectar de vez en cuando, ya que puedes sentirte más cómoda siendo productiva que persiguiendo el placer y las conexiones. Así, trabajar para conseguir condiciones laborales justas y equitativas puede ser un aspecto importante de tu viaje y vida.

Éste es también el lugar de las mascotas y el ganado. Con el regente de tu Ascendente aquí, puedes sentir afinidad con los animales o trabajar con ellos.

Como ésta es la casa de la enfermedad, algunas de las personas con su Ascendente aquí trabajarán con quienes conviven con una enfermedad, que puede o no ser crónica, o la experimentarán ellas mismas de una forma que defina sus vidas.

Preguntas de reflexión

- ¿Está la dirección de tu vida encaminada hacia la atención sanitaria, la industria médica o hacia aquellos que sufren por culpa de sus problemas de salud?

- ¿Es el trabajo importante para tu sentido del «yo»?

- ¿Tiendes a trabajar demasiado o a sobreidentificarte con tu trabajo?

- ¿Sientes a veces que pierdes el poder en relación con tu situación laboral?

- ¿Trabajas con gente que haya experimentado, o que esté experimentando, ambientes laborales opresivos?

- ¿Qué parte de la naturaleza del planeta que rige tu casa I se manifiesta obviamente en tus proyectos laborales? Por ejemplo: si Mercurio rige tu casa I y está en tu casa VI, ¿depende considerablemente tu vida laboral de tu capacidad para comunicar, traducir, escribir, enseñar o vender?

REGENTE DEL ASCENDENTE EN LA CASA VII

*Alianzas comprometidas, matrimonio, relaciones
de negocios, clientes, enemigos declarados*

Que el regente de tu Ascendente esté en la casa VII hace que las alianzas comprometidas, las relaciones de negocios y las lecciones que traen consigo sean increíblemente importantes para tu propósito de vida. Los planetas en la casa VII están especialmente activos debido a la fuerza de esta casa (las casas I, IV, VII y X son las más fuertes). Lo que vivan tus parejas impacta tu vida de forma evidente. Dado el poder de tus vínculos con la gente con la que tienes una relación, asegúrate de que te comprometes con quienes saben ser buenas parejas, amigas, agentes del cambio y catalizadoras en tu vida. De esta forma, estarás alineada con lo que más necesitas y es mejor para ti.

Puede haber momentos en tu vida donde sea evidente que pones demasiado énfasis en los demás. Cuando el regente de tu casa I está en la casa VII, por definición, será un planeta en detrimento. Esto es porque estas dos casas están en lugares opuestos de la carta astral y cualquier planeta en oposición a su propio signo está en un territorio contrario a su naturaleza. La pregunta es obligada: si la dirección de tu vida siempre se mueve hacia actividades ajenas, ¿pierdes de vista tus propias necesidades? Es de vital importancia que busques relaciones que sientas perfectamente alineadas con tu propósito de vida, pues sólo en estas alianzas podrás alcanzarlo.

✍️ Preguntas de reflexión

- ¿Cómo han impactado tus relaciones o alianzas comprometidas más significativas la dirección de tu vida?

- ¿Te privas a menudo de tus propias necesidades para hacer felices a los demás?

- ¿Te sientes propensa a encontrar alianzas que te permitan hacer lo que no puedes lograr por ti misma?

- ¿Quién en tu entorno te ayuda a acceder y a activar tu propósito de vida?

- ¿Qué has aprendido sobre cuidar de ti misma gracias a tus alianzas más significativas?

- ¿Qué alianzas te han traído éxitos, fama o reconocimiento?

- ¿Qué parte de la naturaleza del planeta que rige tu Ascendente se manifiesta obviamente en tus alianzas comprometidas? Por ejemplo: si Saturno rige sobre tu casa I y se encuentra en la casa VII, ¿tiendes a atraer parejas responsables, fiables, comprometidas, críticas, perceptivas o emocionalmente remotas? ¿Tiendes a proyectar tu autoridad sobre ellas, convirtiéndolas en capataces en lugar de responsabilizarte de tu vida y elecciones?

REGENTE DEL ASCENDENTE EN LA CASA VIII

Colaboraciones, el dinero y los recursos de otros,
herencias, muerte, angustia mental, pena

El regente del Ascendente en la casa VIII dirige tu vida hacia colaboraciones importantes. Aquellas personas con esta posición pueden convertirse en hábiles productoras, mánagers, banqueras o contables y, en general, les irá bien en cualquier situación en la que tomen el producto o recurso de otra persona y hagan saber al mundo de él.

Dado que ésta es también la casa de la muerte, la pena y la pérdida, el regente del Ascendente en la casa VIII puede dirigir tu vida hacia el trabajo con estos aspectos difíciles de la vida. Terapeutas del duelo, *doulas* de la muerte, profesionales de la salud mental, psicólogas, exorcistas, practicantes de la terapia regresiva y cualquier otra ocupación que entre en contacto con el mundo espiritual son adecuadas para las personas con el regente de su Ascendente en la casa VIII.

Ciertas experiencias cercanas a la muerte pueden también haber definido tu vida y haberte puesto en un camino lleno de sentido o entendimiento. La muerte de seres queridos, especialmente de aquellos que cambiaron tu vida, también estaría relacionada con esta posición.

✎ Preguntas de reflexión

- ¿Está tu vida dirigida hacia el trabajo colaborativo? Para llevarlo a cabo, ¿qué debes aprender sobre tu aportación? ¿Qué estás aprendiendo a recibir?

- ¿Dependes del dinero, los activos o los recursos de otros? Y, si es así, ¿dónde reside tu poder en esta situación?

- ¿Tiene una parte importante de tu trabajo que ver con financiación, becas o prestámos (darlos o recibirlos)?

- ¿Te sientes conectada con el mundo espiritual, el más allá, o con la muerte y el proceso de morir?

- ¿Qué experiencias cercanas a la muerte te han forjado y cambiado la dirección de tu vida?

- ¿Qué parte de la naturaleza del planeta que rige tu Ascendente se manifiesta obviamente en tu trabajo? Por ejemplo: si el Sol rige sobre tu casa I y está en tu casa VIII, ¿brillas en tus colaboraciones? ¿Te identificas con los elementos más misteriosos de la vida?

REGENTE DEL ASCENDENTE EN LA CASA IX

Viajes, enseñanza, publicaciones, filosofía, derecho,
espiritualidad, religión, astrología, la casa de Dios

Que tu Ascendente esté en la casa IX hace que tu vida se dirija hacia la búsqueda de sentido. Aquí, necesitas aventura, quieres ir en pos del conocimiento y la sabiduría y necesitarás practicar el arte de la enseñanza, el aprendizaje y mostrar tus ideas al mundo. En la casa IX, los planetas quieren recopilar conocimiento a través de la experiencia. Puedes o no emprender estudios de posgrado, u obtener un título o un certificado, pero el proceso de aprendizaje siempre será un lugar donde te sientas inspirada.

Dado que hay una cierta cualidad espiritual asociada con la casa IX, si el regente de tu Ascendente está aquí, puedes sentirte atraída, o ahuyentada, por ciertas costumbres o instituciones religiosas. Sea cual sea tu experiencia, tendrá un rol en dar forma a tu vida.

📝 Preguntas de reflexión

- ¿Vives en un país distinto del que naciste?

- ¿Viajar te llena de una sensación de propósito?

- ¿Te sientes conectada con algo importante cuando enseñas?

- ¿Pasas gran parte de tu vida en instituciones académicas?

- ¿La búsqueda de la verdad, la sabiduría y el sentido dirigen tu vida?

- ¿Qué parte de la naturaleza del planeta que rige tu casa I se manifiesta obviamente en tus estudios, filosofía, publicaciones o viajes? Por ejemplo: si Venus rige sobre tu casa I y está en tu casa IX, ¿estudias o enseñas estudios de género, feminismo, historia *queer* o algo por el estilo?

REGENTE DEL ASCENDENTE EN LA CASA X

Carrera, roles públicos y profesionales

Si el regente de tu Ascendente está en tu casa X, te diriges a buscar roles profesionales y públicos. La casa X es una de las más fuertes de la carta astral y cualquier planeta aquí es visible y está activo en tu vida. Ésta es la parte de tu carta que corresponde a tu «yo» público y, si el regente de tu Ascendente está aquí, significa que tu vida está, en parte, enfocada hacia la aplicación de tus talentos en esferas profesionales.

Encontrarás tus batallas, triunfos y revelaciones más importantes a través de tu carrera y de tus roles públicos. Da igual si tu audiencia es grande o pequeña. Lo que importa es que aceptes el reto de perseguir tus sueños y ocupar espacio en el mundo. Los roles públicos son el espacio donde puedes conectar con tu propósito de vida y constituyen una faceta tuya que no debes rehuir, pues probablemente sea donde te sientas realizada.

Preguntas de reflexión

- ¿El desarrollo de tu carrera consume gran parte de tu energía vital?

- ¿Te parece que muchas de tus relaciones gravitan alrededor de tu carrera o tus roles públicos?

- ¿Cuál es el rol público más importante que ocupas?

- ¿Te ha costado el desarrollo de tu carrera algún otro aspecto de tu vida?

- ¿Qué te ha hecho entender de ti misma el haberte dedicado a tus roles públicos o profesionales?

- ¿Qué parte de la naturaleza del planeta que rige tu Ascendente se manifiesta obviamente en tu trabajo? Por ejemplo: si Júpiter rige tu casa I y está en tu casa X, ¿eres profesora? ¿Ocupas roles públicos grandes, expansivos o espirituales?

REGENTE DEL ASCENDENTE EN LA CASA XI

Comunidad, seguidores, mecenas, sueños y esperanzas para el futuro, buena fortuna por medio de contactos

Con el regente de tu Ascendente en la casa XI, gran parte de la dirección de tu vida tendrá que ver con las redes, los movimientos y las organizaciones con los que te asocies. Aquí, la dirección de tu vida se encamina hacia el desarrollo de tu rol en los grupos en los que te sientes más implicada. A algunas personas, esto les resultará fácil; a otras, un desafío; para la mayoría, una mezcla de ambos. El quid de la cuestión es que debes desarrollar una relación consciente con los grupos a los que contribuyes con tu energía.

Con el regente de tu Ascendente en la casa XI, también es importante que te rodees de buenas compañías. Si el grupo se mueve en una dirección en la que tú no quieres ir, es necesario que se separen. Dado que esta posición puede influir tanto al grupo como ser influida por él, es importante encontrar compañeros que estimulen positivamente tu crecimiento, te empujen a ser mejor y te inspiren a soñar sin cortapisas.

La casa XI es también el lugar donde hallamos la buena fortuna de reunirnos con aquellos que nos ayudan a encontrar amor, trabajo y un propósito. Si el regente de tu Ascendente está en tu casa XI, es muy probable que amigos, aliados y la comunidad sean fuentes de fortuna para ti. Los amigos te presentan a gente importante en tu vida y te invitan a espacios, lugares y alianzas que te ayudan de forma monumental. La calidad de la ayuda depende, por supuesto, del tipo de planeta y su situación en tu carta natal.

Preguntas de reflexión

- Cuando reflexionas sobre tu vida, ¿qué roles sociales, dinámicas de grupo y proyectos colectivos te han influenciado más?

- ¿Qué oportunidades que te hayan definido de forma importante se te han presentado a través de amigos?

- ¿Cómo sientes que tus roles sociales y los colectivos a los que perteneces encaminan la dirección de tu vida?

- ¿Qué parte de la naturaleza del planeta que rige tu casa I se manifiesta obviamente en tu comunidad, grupos de amigos y sueños y esperanzas para el futuro? Por ejemplo: si Marte rige tu casa I y está en tu casa XI, ¿te sientes atraída hacia aquellas personas que apoyan una causa? ¿Te sientes empujada a trabajar en grupo pero también te resultan complicados porque eres demasiado independiente? ¿Te encuentras a menudo en relaciones comunitarias conflictivas?

REGENTE DEL ASCENDENTE EN LA CASA XII

Vida oculta, soledad, secretos, penas, autodestrucción,
energía creativa ligada a nuestro dolor

Si el regente de tu Ascendente está en la casa XII, la dirección de tu vida estará centrada en desentrañar los secretos de una situación o en el trabajo entre bambalinas de lo que sea que te interese. La casa XII es el lugar donde se esconden las cosas. Encapsula todas las instituciones en que la sociedad coloca, acoge o esconde a la gente que ha sido exiliada de la misma o que, por cualquier motivo, no puede integrarse en ella. Los sistemas carcelarios, los centros de rehabilitación, los hospitales y las instituciones psiquiátricas se encuentran en la casa XII. También las incubadoras creativas, los estudios, los cuartos oscuros y los lugares para estar en soledad y crear.

La casa XII apunta hacia la pena, la dificultad y el dolor con el que batalla la psique. Que el regente de tu casa I esté en la casa XII puede a menudo llevar al autosabotaje y a la autodestrucción. Si tienes esta posición, deberás aprender cómo interrumpir estos patrones para poder experimentar los demás aspectos de esta casa. Cuando te das espacio para ordenar y desentrañar el trauma que traes contigo, encontrarás una fuente de profunda energía creativa.

Preguntas de reflexión

- ¿Necesitas tiempo a solas o en incubadoras para conectar con tu energía creativa? ¿Valoras este tiempo?

- ¿Exige tu trabajo que te separes de tu vida y roles sociales?

- ¿Estás más cómoda en segundo plano o entre bambalinas que siendo el centro de atención?

- ¿Has estado en contacto con instituciones psiquiátricas o con el sistema carcelario?

- ¿Qué parte de la naturaleza del planeta que rige tu Ascendente se manifiesta obviamente en tu vida interior, trabajo entre bambalinas e historia vital? Por ejemplo: si Venus rige tu casa I y está en tu casa XII, ¿te sientes atraída por trabajar con mujeres, personas de presentación femenina o gente de género no conforme que, como resultado, sufren opresión sistémica? ¿Eres una persona que desentierra las historias olvidadas o escondidas de mujeres o personas de género no conforme? ¿Sientes que has sufrido personalmente a causa de la violencia patriarcal o basada en el género? Tener un planeta benéfico como Venus o Júpiter en la casa XII también puede significar que dispones de una bendición aquí lo que, en cierto sentido, lo hace menos difícil.

¿Y AHORA QUÉ?

Como con cualquier corpus de conocimiento, el talento para trabajar con la astrología y con tu carta natal viene mediado por tu capacidad para integrarlo, y eso toma su tiempo. Esta es una frustración que muchas personas sentirán al enfrentarse a la abrumadora cantidad de información en su carta. Lo que hemos hecho a lo largo de este libro es revisar sus cimientos, y mi esperanza es que ahora te sientas algo más segura de lo que estás mirando y lo que significa.

Sin las tres claves bien asentadas, el resto de nuestra carta natal tiende a galopar descontrolada por nuestras mentes, pero, con ellas, estamos ancladas firmemente en contexto. Con la comprensión de que gran parte del significado de la carta está relacionado con la posición de las luminarias (el Sol y la Luna), el Ascendente (signo ascendente) y el regente (el planeta que rige sobre el Ascendente), podemos entender por qué algunas cosas nos han resultado fáciles y otras todo un desafío.

Después de seguir los pasos en este libro, podrás ver rápidamente si hay algún planeta que no forme parte de estas tres claves. Cualquier planeta que no se esté relacionando con el Sol, la Luna, el Ascendente o su regente, seguirá teniendo información importante con la que trabajar, pero (probablemente) será un personaje de apoyo para los actores de la obra de tu vida*.

Dado que hemos pasado tanto tiempo con la doctora Maya Angelou y con Frida Kahlo, dos personas con un impacto cultural que poca gente tiene, es importante subrayar que vivieron un tipo de experiencia arquetípica para que el resto de nosotras fuésemos testigos y nos viéramos reflejadas en ellas. Su trabajo habla de su experiencia específica de una forma universal. Podemos entender sus cartas natales tanto como una expresión personal de sus propósitos de vida como por el impacto arquetípico que tuvieron sobre sus comunidades, sectores profesionales y el mundo en general.

La doctora Maya Angelou y Frida Kahlo dejaron un mundo mejor sólo por haber estado en él y sus vidas siguen siendo un recurso para investigar y unos cimientos sobre los que construir política, cultural y artísticamente. Puede que no todas experimentemos el mismo nivel de fama o maestría en nuestro arte, pero nunca sabemos la impresión que dejamos en los demás. Desde un punto de vista astrológico, podemos llegar a entender cuán importante es seguir el camino dispuesto ante nosotras. Su impacto, sin embargo, está fuera de nuestro control y, en realidad, tampoco es nuestro

---

*Hay otros regentes en el sistema tradicional que este libro no cubre, pero que son importantes para determinar la calidad y dirección de una vida.

problema. Estudiar las cartas natales de ellas dos es más fácil porque los arquetipos de los planetas que ahí se encuentran se manifestaron claramente a través de lo que hicieron y de lo que dejaron tras de sí. El estudio de sus vidas, decisiones y cartas puede ayudarnos a entender las muchas formas en que los planetas crean las infraestructuras de nuestras vidas. Tenemos el poder de elegir dentro de nuestra infraestructura, pero no podemos modificar sus huesos.

La lectura de un/x astrólogx de confianza es un importante siguiente paso en tu viaje. Algo inherentemente sanador ocurre cuando otra persona habilidosa nos abre camino y puede reflejarnos nuestro viaje. Todavía recibo una lectura anual de Demetra George y seguiré haciéndolo hasta que me rechace. Esa lectura de una hora es una suma importante a lo que ya sé de mí misma. Siempre brinda contexto y profundidad a los eventos de mi vida que paso por alto cuando dependo sólo de mi propia comprensión de mi carta natal.

Sin embargo, nadie me conoce como yo misma y, por eso, es mi trabajo tomar la información que me da cualquier astrólogx y encontrar la manera de darle uso. Recibir lecturas de profesionales es importante y beneficioso para tu aprendizaje y curación, pero sólo tú puedes profundizar en tu carta. Igual que leer un mapa, tu carta te revela dónde ir para restaurarte, estimularte, activarte y satisfacerte.

Quiero que entiendas e integres el significado, impacto y poder en tu carta natal. Otrxs astrólogxs o yo podemos ayudarte a llegar a ese punto, pero, al final, te corresponde a ti desentrañar tu vida.

Entender las especificidades de mi carta me ayudó a comprometerme del todo con el trabajo que debía realizar. Negarme a ignorar mis dones por más tiempo fue, literalmente, cómo llegué a escribir este libro. Tras años de dudar de la importancia de mi conexión con la astrología y la escritura en general, fui capaz de reclamar mi energía de las dudas que me habían perseguido toda la vida y redirigirla hacia las posibilidades creativas que estaban, y siguen, esperándome. Espero que este libro te ayude, de forma grande o pequeña, a hacer lo mismo.

AGRADECIMIENTOS

He tenido la buena suerte de aprender de muchxs y grandes maestrxs en mi vida, gente que entró en mi mundo en el momento preciso en que necesitaba su guía. Soy la suma de sus cuidados, protección y amor. Cualquier sabiduría que haya podido cultivar ha sido por el trabajo emocional, intelectual y espiritual que me brindaron, y este libro nunca hubiese sido escrito sin ellxs.

A mi madre, Teo Nicholas, cuyo amor por la vida y energía imparable siempre me ha apoyado. La siento siempre conmigo y la aprecio infintamente.

A mi padre, Tony Nicholas, quien siempre me pagó por leer las cartas de todo el mundo. Gracias por ser mi primer cliente y luchar por mi profesión. Aprendí de ti el valor del trabajo, quizá demasiado bien.

A mi hermana, Lyndi Nedelec, que tiene un corazón enorme, la voz de un ángel y la capacidad de querer como pocos. Gracias por quererme siempre exactamente como soy de la forma en que sólo una hermana pequeña puede. Me has ayudado a sanar de algunas de mis penas más profundas.

Cass: tu capacidad de ser testigo de mi viaje, tomar mi historia y reflejarla de vuelta hacia mí con tanto cuidado, claridad y humor es una de las grandes bendiciones de mi vida. No sería la persona que soy hoy sin ti. Gracias por decirme cómo cambiaba la energía en la sala cada vez que hablaba de astrología. Me ayudaste a confiar en ella, me ayudaste a conectar con ella y me ayudaste a construir un hogar en este mundo para mi «yo» profesional y adulto sin apartar nunca la vista de mi mundo interior. Lo que he aprendido en mis sesiones contigo está entretejido en cada horóscopo que haya escrito o vaya a escribir. Si a la gente le gusta mi trabajo, te quieren a ti. Igual que yo.

Keri Lassalle: me has animado desde el primer día. Nunca me dejaste olvidar quién soy y cuán sagrado es este trabajo. Cuando no tenía confianza en mí misma, tomé prestada la tuya y ésta me llevó en volandas.

Eliza Melody Walter: has sido la mejor amiga que he tenido jamás. Nadie puede ocupar el lugar que tengo para ti en mi corazón. Gracias por nunca dejar de verme. Gracias por miles de madrugadas con mil millones de cosas fascinantes sobre las que sentar cátedra. Nuestras charlas son eternas y me llenan de alegría y consuelo.

Ulrike Balke: gracias por aceptar mis galletas caseras como pago por tus sesiones de *reiki* durante casi una década. Siempre me has dado un espacio para entender mis sentimientos, sentir mi cuerpo y honrar mi proceso. Tu sabiduría y guía fueron un ancla a la que me aferré en tiempos de turbulencia y confusión. Le deseo a todo el mundo el tipo de madrina espiritual que siempre has sido para mí.

Demetra George: hay personas que se pasan su vida en la tierra tan inmersas en su conversación con un corpus de conocimiento, con o sin reconocimiento a su esfuerzo, que se convierten en una parte intrínseca de ese mismo linaje.

Ésa eres tú.

Eres una astróloga de la más alta categoría. Una mitóloga. Una académica. Una maestra de tu arte. Volcándote sobre textos antiguos que harían que muchas de nosotras lloráramos de desesperación ante los densos y a veces mal traducidos trabajos de nuestros ancestros astrológicos. Tienes el tipo de paciencia necesaria para escuchar y descifrar las voces de nuestro pasado para el resto de nosotras.

Eres una maestra de maestrxs.

Estudiar contigo me conectó con una historia que no sabía que me estaba perdiendo. Estudiar contigo me conectó a técnicas que no sólo esclarecieron mi arte, sino también el propósito de mi propia vida. Estudiar contigo me ayudó a entender los sencillos, específicos y directos mensajes de mi carta natal. Había escudriñado esa cosa durante veinteséis años y aún me sentía insegura de sus instrucciones específicas. Hasta que llegaste tú, no pude entender lo que estaba escrito en el papel… o en el cielo.

El origen de cualquier cosa que haya aprendido a hacer bien como astróloga puede remontarse a tus minuciosos esfuerzos en enseñarme a mí, y al mundo, la profunda belleza y sabiduría de la astrología. Estoy profundamente agradecida de que existas y doy las gracias por cada momento que he pasado contigo.

CADA SIGNO Y SU SÍMBOLO, MODALIDAD, ELEMENTO Y REGENTE PLANETARIO

SIGNO	MODALIDAD	ELEMENTO	REGENTE PLANETARIO
♈ ARIES	Cardinal	Fuego	♂ Marte
♉ TAURO	Fijo	Tierra	♀ Venus
♊ GÉMINIS	Mutable	Aire	☿ Mercurio
♋ CÁNCER	Cardinal	Agua	☽ Luna
♌ LEO	Fijo	Fuego	☉ Sol
♍ VIRGO	Mutable	Tierra	☿ Mercurio
♎ LIBRA	Cardinal	Aire	♀ Venus
♏ ESCORPIO	Fijo	Agua	♂ Marte
♐ SAGITARIO	Mutable	Fuego	♃ Júpiter
♑ CAPRICORNIO	Cardinal	Tierra	♄ Saturno
♒ ACUARIO	Fijo	Aire	♄ Saturno
♓ PISCIS	Mutable	Agua	♃ Júpiter

APÉNDICE 2

CADA PLANETA Y SU SÍMBOLO, SIGNO DE DOMICILIO, SIGNO DE DETRIMENTO, SIGNO DE EXALTACIÓN Y SIGNO DE CAÍDA

PLANETA	DOMICILIO	DETRIMENTO	EXALTACIÓN	CAÍDA
☉ SOL	Leo	Acuario	Aries	Libra
☾ LUNA	Cáncer	Capricornio	Tauro	Escorpio
☿ MERCURIO	Géminis Virgo	Sagitario Piscis	Virgo	Piscis
♀ VENUS	Tauro Libra	Aries Escorpio	Piscis	Virgo
♂ MARTE	Aries Escorpio	Tauro Libra	Capricornio	Cáncer
♃ JÚPITER	Sagitario Piscis	Géminis Virgo	Cáncer	Capricornio
♄ SATURNO	Capricornio Acuario	Cáncer Leo	Libra	Aries

APÉNDICE 3
LAS CASAS

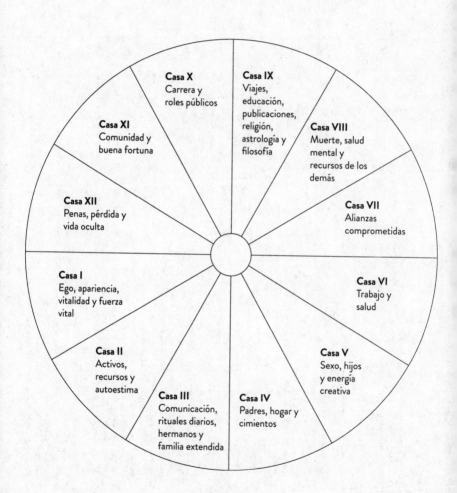

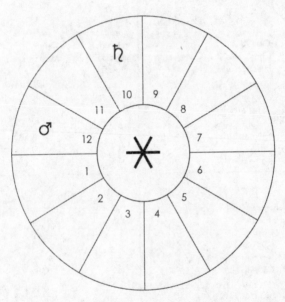

Los planetas en casas que forman un ángulo de 60° son un sextil.

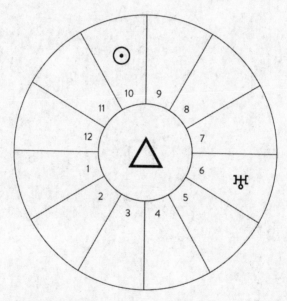

Los planetas en casas que forman un ángulo de 120° son un trígono.

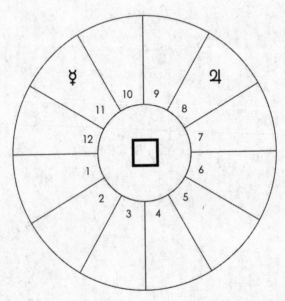

Los planetas en casas que forman un ángulo de 90° son una cuadratura.

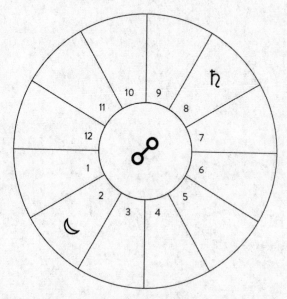

Los planetas en casas que forman un ángulo de 180° están en oposición.

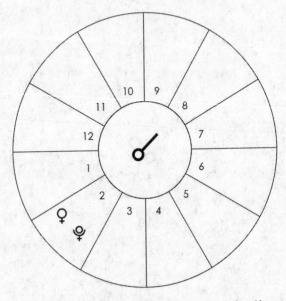

Los planetas en la misma casa forman una conjunción.

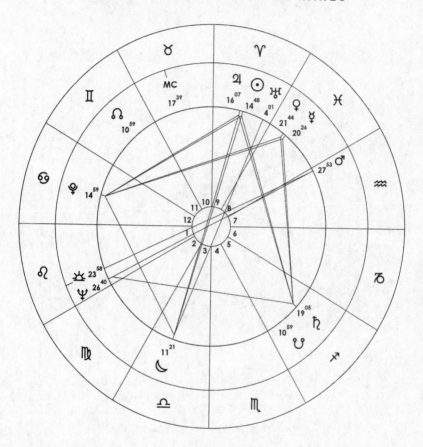

LA CARTA NATAL DE
LA DOCTORA MAYA ANGELOU

Fecha y hora de nacimiento: 4 de abril de 1928 a las 14:10.

Lugar: St. Louis, Misuri, Estados Unidos.

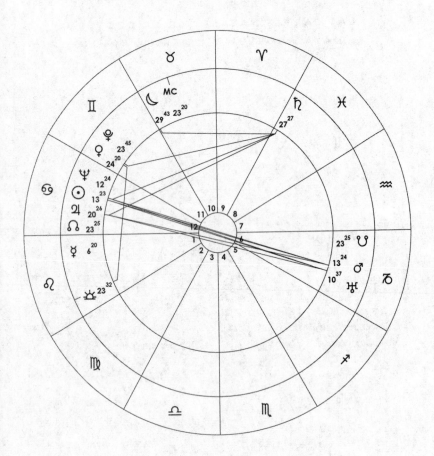

LA CARTA NATAL DE
FRIDA KAHLO

Fecha y hora de nacimiento: 6 de julio de 1907 a las 08:30.

Lugar: Coyoacán, Ciudad de México, México.

ÍNDICE ONOMÁSTICO

M